高等职业教育理实一体化系列教材·新能源汽车技术

纯电动汽车综合故障诊断

主　编　郭三华　曹丽娟　王　晶
副主编　邹德伟　王　宇　董艳艳
　　　　刘宏峰　刘会卿
参　编　周华英　张之超　付丽平
主　审　杨效军

全书资源总码

北京理工大学出版社
BEIJING INSTITUTE OF TECHNOLOGY PRESS

内 容 简 介

本书以吉利帝豪 EV300 故障诊断与排除作为典型案例，系统介绍和分析了三方面的内容：纯电动汽车的典型结构认知、纯电动汽车的故障诊断、纯电动汽车综合故障诊断与排除。全书共分为三大篇，分别为认知篇、诊断篇、综合故障诊断与排除篇，其中认知篇共 5 个典型项目，诊断篇共 37 个典型案例项目，综合故障诊断与排除篇共 10 个典型案例项目。本书注重将理论贯穿于具体实训过程中，内容较为新颖且丰富，具有鲜明特色。

本书既可作为高等院校新能源汽车技术、新能源汽车检测与维修技术、汽车电子技术、汽车智能技术等相关专业的教材使用，也可以作为职业院校技能竞赛培训资料、纯电动汽车员工培训教材或工程技术人员的参考资料。

版权专有　侵权必究

图书在版编目（CIP）数据

纯电动汽车综合故障诊断／郭三华，曹丽娟，王晶主编. —北京：北京理工大学出版社，2021.11（2022.3 重印）
ISBN 978 – 7 – 5763 – 0567 – 8

Ⅰ. ①纯… Ⅱ. ①郭… ②曹… ③王… Ⅲ. ①电动汽车 – 故障诊断 Ⅳ. ①U469.72

中国版本图书馆 CIP 数据核字（2021）第 214921 号

出版发行	/ 北京理工大学出版社有限责任公司
社　　址	/ 北京市海淀区中关村南大街 5 号
邮　　编	/ 100081
电　　话	/（010）68914775（总编室）
	（010）82562903（教材售后服务热线）
	（010）68944723（其他图书服务热线）
网　　址	/ http：//www.bitpress.com.cn
经　　销	/ 全国各地新华书店
印　　刷	/ 河北盛世彩捷印刷有限公司
开　　本	/ 787 毫米 × 1092 毫米　1/16
印　　张	/ 26
字　　数	/ 605 千字
版　　次	/ 2021 年 11 月第 1 版　2022 年 3 月第 2 次印刷
定　　价	/ 66.80 元

| 责任编辑 / 孟祥雪 |
| 文案编辑 / 孟祥雪 |
| 责任校对 / 周瑞红 |
| 责任印制 / 李志强 |

图书出现印装质量问题，请拨打售后服务热线，本社负责调换

前 言

发展新能源汽车是我国从汽车大国迈向汽车强国的必由之路，是应对气候变化、推动绿色发展的战略举措。我国坚持纯电驱动战略取向，新能源汽车产业发展取得了巨大成就，成为世界汽车产业发展转型的重要力量之一。当前，全球新一轮科技革命和产业变革蓬勃发展，汽车与能源、交通、信息通信等领域有关技术加速融合，电动化、网联化、智能化成为汽车产业的发展潮流和趋势。纯电动汽车作为新能源汽车重要的发展方向，对实现我国汽车产业转型发展起到至关重要的作用。为此，对新能源汽车技术、新能源汽车运用与维修、汽车电子技术、汽车智能技术的高职学生所必要的标准化技术技能提出了新的要求，纯电动汽车故障诊断与排除相关教材内容有必要按照不同的典型案例、标准化的实训要求进行。

在长期的教学实践过程中，我们深刻感受到，高职教材的编写一定要与专业人才培养目标相适应，与岗位需求保持一致，注重培养学生的学习能力、分析能力和创新能力，同时注重教材内容要与实际社会培训相结合，满足多方不同需求。基于上述多方面的考虑，本书主要特征如下：

首先，教材内各项目案例教学目标明确。针对于认知篇、诊断篇、综合诊断与排除篇的不同教学内容，有针对性地设计相应教学目标。

其次，教材内各项目案例教学内容设计合理。按照由浅到深，设计认知篇、诊断篇、综合诊断与排除篇整个项目案例内容，内容翔实，便于学生学习。采用的课程设计方案均包含教学目标、教学内容、教学重点和难点、咨询内容记录等。

再次，教材内各项目案例教学重点和难点把握较好。将理论穿插于实践操作的具体过程中，将难点、重点内容很好地与实训步骤进行结合。

最后，教材力求图文并茂。作为学生知识的重要来源和主要参考学习资料，编写过程中，所有内容的阐述和分析思路均来自作者长期的教学实践过程中，大量的图片均来自一线实践教学。

本书由烟台汽车工程职业学院郭三华、曹丽娟、王晶任主编，邹德伟、王宇、董艳艳、刘宏峰、刘会卿任副主编，周华英、张之超、付丽平参编，山东交通职业学院杨效军主审。其中，郭三华编写认知篇5个项目、诊断篇中项目六至项目十八，曹丽娟编写诊断篇中项目十九至项目二十八，王晶编写诊断篇中项目二十八至项目四十二，邹德伟、王宇、董艳艳、刘宏峰、刘会卿编写综合故障诊断与排除篇项目四十三至五十二，周华英、张之超、付丽平分别参与认知篇、诊断篇、综合诊断与排除篇的系列项目案例编写过程。在本书编写过程中，参阅了较多的同类教材、参考文献和相关著作，再次对相关作者表示感谢。

由于编者水平有限，书中难免存在不妥和错误之处，恳请读者提出宝贵意见。

编 者

目 录

认知篇 ... 1

项目一　吉利帝豪 EV300 整车三大控制核心模块认知 ... 3

项目二　吉利帝豪 EV300 整车三小控制核心模块认知 ... 12

项目三　吉利帝豪 EV300 三辅助控制模块认知 ... 17

项目四　吉利帝豪 EV300 整车三个典型调节模块认知 ... 22

项目五　吉利帝豪 EV300 整车驱动与充电三输入模块认知 ... 28

诊断篇 ... 33

项目六　纯电动汽车故障诊断前准备工作 ... 35

项目七　IG1 继电器损坏导致整车上电异常 ... 43

项目八　VCU 供电线路断路引起整车上电异常 ... 52

项目九　VCU 模块 P CAN – H 线路断路引起整车上电异常 ... 60

项目十　VCU 搭铁线断路引起整车上电异常 ... 68

项目十一　PEU 模块供电线路断路引起高压无法上电 ... 75

项目十二　PEU 模块 CAN – L 断路引起的高压无法上电 ... 84

项目十三　OBC 供电断路引起高压无法上电 ... 92

项目十四　OBC 模块 CAN – H 线断路引起高压无法上电 ... 101

项目十五　OBC 模块唤醒线故障引起高压无法上电 ... 110

项目十六　ACM 模块供电线路断路引起整车上电异常 ... 117

项目十七　ACM 模块通信线路断路引起整车上电异常 ... 125

项目十八　CC 线路断路引起交流无法充电 ... 132

项目十九　CP 线路断路引起交流无法充电 ... 140

项目二十　ER14 硬线唤醒线路断路引起交流无法充电 ... 148

项目二十一　ACM 模块通信线路断路、DC/DC 模块唤醒线路断路引起交流无法充电 ... 155

项目二十二　高压互锁线路断路引起整车无法上电 ... 166

项目二十三　线路熔断器故障引起空调无制冷、制热 ... 175

项目二十四　PTC 模块供电线路断路引起 A/C 自动空调制冷不制热 ... 184

目录

项目二十五　制动系统线路故障引起车辆无法行驶 …………………………………… 191

项目二十六　IG2 继电器输出线路断路引起整车上电异常、仪表异常、PEPS 报警 … 199

项目二十七　方向盘上锁失效引起车辆无法起动 …………………………………… 208

项目二十八　B CAN 系统线路对地短路引起高压无法上电 ………………………… 218

项目二十九　供电线路断路引起 EPB 系统无法执行动作 …………………………… 226

项目三十　　CAN 线断路引起 EPB 系统无法执行动作 …………………………… 235

项目三十一　开关线路断路引起 EPB 系统无法执行动作 …………………………… 242

项目三十二　供电线路断路引起电子换挡器（EGSM）指示灯不亮 ………………… 249

项目三十三　CAN 线断路引起电子换挡器（EGSM）无法正常工作 ………………… 256

项目三十四　P CAN 线路对地短路引起高压无法上电 ……………………………… 263

项目三十五　P CAN 线路与电源供电线短路引起高压无法上电 …………………… 271

项目三十六　P CAN 线路线间短路引起高压无法上电 ……………………………… 279

项目三十七　线路断路引起右转向灯不亮 …………………………………………… 287

项目三十八　线路故障引起转向灯应急模式加速闪烁 ……………………………… 294

项目三十九　元件损坏与线路供电故障引起近光灯不亮 …………………………… 301

项目四十　　线路与元件故障引起远光灯常亮 ……………………………………… 314

项目四十一　线路故障引起的车窗无法升降 ………………………………………… 324

项目四十二　线路故障引起刮水器不能正常工作 …………………………………… 343

综合故障诊断与排除篇 …………………………………………………………………… 355

项目四十三　典型综合故障诊断分析（一）………………………………………… 357

项目四十四　典型综合故障诊断分析（二）………………………………………… 362

项目四十五　典型综合故障诊断分析（三）………………………………………… 367

项目四十六　典型综合故障诊断分析（四）………………………………………… 372

项目四十七　典型综合故障诊断分析（五）………………………………………… 377

项目四十八　典型综合故障诊断分析（六）………………………………………… 382

项目四十九　典型综合故障诊断分析（七）………………………………………… 387

项目五十　　典型综合故障诊断分析（八）………………………………………… 392

项目五十一　典型综合故障诊断分析（九）………………………………………… 397

项目五十二　典型综合故障诊断分析（十）………………………………………… 402

参考文献 …………………………………………………………………………………… 407

认知篇

该篇主要内容涉及纯电动汽车整车的结构认知，涵盖了三大控制核心模块、三小控制核心模块、三辅助控制模块、三典型调节模块、驱动与充电三输入模块的分析和讲解。

在三大控制核心模块中，重点进行整车控制模块、电机驱动与控制模块、电池管理系统三个模块的认知与分析，重点侧重讲解其在整车运行过程中的作用及应用分析。

在三小控制核心模块中，重点进行高压控制盒、车载充电机、DC/DC变换器三小控制核心模块认知及基本功能讲解，并对其具体应用进行分析。

在三辅助控制模块中，重点进行车身控制模块、电子驻车控制模块、车身稳定系统三辅助控制核心模块认知及基本功能的分析。

在三典型调节模块中，重点进行电动空调、电动转向、制动能量回收认知及基本功能的分析。

在驱动与充电三输入模块中，重点进行智能钥匙输入系统、挡位控制系统、辅助控制模块认知及基本功能的分析。

项目一　吉利帝豪 EV300 整车三大控制核心模块认知

掌握吉利帝豪 EV300 整车的三大控制核心模块识别。

吉利帝豪 EV300 整车控制器（VCU）、电机及电机控制器（集成在 PEU 模块中）、电池及管理系统（BMS）三大控制核心模块认知及基本功能。

模块位置及功能分析。

 模块认知相关内容

1. 整车控制器

整车控制器（VCU）是纯电动汽车的核心控制器件，是电动汽车的"神经中枢"，承担了各系统的数据交换、信息传递、故障诊断、安全监控、驾驶员意图分析、动力电池能量管理等作用，对电动汽车的动力性、经济型、安全性和舒适性等有很大的影响。其主要功能体现在：

（1）控制模式的判断。VCU 通过采集钥匙信号、充电信号、加速/制动踏板信号等来判断当前需要的工作模式；并能根据当前的参数和前段时间工作时的记忆参数，计算出合理的输出显示数据、转矩等信息。

（2）整车能量管理。对能量进行优化，可提高续驶里程。电量低时，指令关闭部分辅助舒适电气设备（空调、暖风、电动座椅等），使电量优先用于保证车辆的安全行驶。

（3）通信网络管理。VCU 是信息控制中心，负责信息的组织与管理、网络状态的监控、网络节点的管理、信息优先权的动态分配、网络故障的诊断与处理。

（4）制动能量回收。VCU 根据行车速度、驾驶员意图、动力电池组的荷电状态进行综合判断，若达到回收制动能量的条件，VCU 会向电机控制器发出控制指令，使驱动电机工作在发电状态，将制动能量转变成电能存储在动力蓄电池。

（5）故障诊断与处理。VCU 连续监测各控制系统，并根据故障诊断和相应的安全保护处理，同时还对故障进行等级分类、报警显示、存储故障码等处理。

（6）车辆状态监测。VCU 能够对车辆进行实时监测，并将各子系统的信息发给车载信息显示系统，将状态信息和故障诊断信息通过数字仪表显示出来，显示内容包括车速、里程、电机转速、温度、电池电量、电压、电流、故障信息等。

VCU 实物图及在 EV300 车上位置显示分别如图 1-1、图 1-2 所示。

图 1-1　VCU 实物图　　　　　图 1-2　吉利帝豪 EV300 的 VCU 位置显示

VCU

2. 电机及控制器

吉利帝豪 EV300 的电机采用三相永磁同步电机，其额定功率为 95 kW，主要由定子、转子和气隙构成。

定子的作用是在电机工作过程中产生磁场。向三相定子绕组通入对称三相交流电后，产生一个以同步转速沿定子和转子内圆空间旋转的旋转磁场。三相永磁同步电机与三相交流异步电机的定子，在结构上区别不大，其结构如图 1-3 所示。

三相永磁同步电机比三相交流异步电机的转子结构更复杂，更具有永久磁体这一明显特征，转子与轴承结构如图 1-4 所示。

电机控制器一般称为 MCU（Motor Control Unit），吉利帝豪 EV300 电机控制器集成在 PEU 模块中，PEU 模块集成了 MCU、DC/DC 模块等功能，统称为功率集成单元（简称 PEU）。

MCU 具有 CAN 通信功能、CAN 唤醒和休眠功能、过流保护、过载保护、欠压保护、过压保护、缺相保护、能量回馈、限功率、高压互锁、故障上报等功能。同时具备 IGBT 结温估算、变载频和过调制技术，系统效率高、动力强、可靠性高，降低其静态功耗，避免

图1-3 三相永磁同步电机定子结构

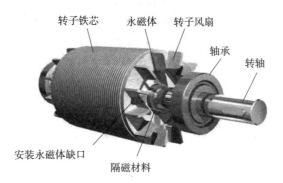

图1-4 三相永磁同步电机转子与轴承结构

蓄电池馈电等特点。主要功能如下：

（1）驱动电机功能。MCU驱动电机工作，实现车辆行驶。

（2）具备制动回馈功能。当整车刹车制动时，MCU通过制动回馈将电能存在动力电池中，提高续航里程。

（3）具有防溜坡功能。为了避免有坡道起步时，制动踏板向油门踏板切换的过程中车辆后溜，当发现车辆后溜时，MCU进入防溜坡状态，自动调整输出转矩。

（4）怠速控制功能。实现汽车的蠕行功能，根据电机转速合理的输出扭矩，使得电机转速维持在一个较小的转速区间。

MCU的模块结构如图1-5所示，PEU在吉利帝豪EV300上的位置如图1-6所示。

3. 电池及管理系统

（1）采用电池分析。

吉利帝豪EV300的电池采用三元锂单体电池，单体电池额定电压为3.7 V，整个电池及管理系统均封装在电池箱体内，内部包含连接器、电池控制总成（BUD）、电池管理系统（BMS）等。

图 1-5 MCU 的模块结构　　　　图 1-6 PEU 在吉利帝豪 EV300 上的位置

电机控制器

吉利帝豪 EV300 的电池模组由 17 个模组串联组成，电池箱内的电池分为两部分：一部分 1P5S（1 并 5 串模式）的模组共 7 个，共计 35 个单体电池，每个单体电池规格 440 mm×158 mm×105 mm；另一部分采用 1P6S（1 并 6 串模式）的模组共 10 个，共计 60 个单体电池，每个单体电池规格 521 mm×152 mm×107 mm，BMS 模块在电池箱内部将这两部分隔开，车身标注电池包额定电压为 346 V，理论计算值为 3.7×5×7+3.7×6×10=351.5（V），车身标注的额定电池包电压小于理论计算所得电池包电压。

电池包的外观、电池包内部模组结构分别如图 1-7、图 1-8 所示。

图 1-7 电池包外观结构　　　　图 1-8 电池包内部模组结构

连接器包含主正和主负接口,两个快充接口以及低压接口等;在 BUD 内部,包含了 5 个继电器,2 个预充电电阻,位于主正和快充上,连接器、BUD 的结构分别如图 1-9、图 1-10 所示。

图 1-9　连接器的结构

图 1-10　BUD 的结构

(2) 电池管理系统。

BMS 主要为了智能化管理及维护各个电池单元,防止电池出现过充电和过放电,延长电池的使用寿命,监控电池的状态,包含主要模块如下:

① 信号采集模块:主要用于对电池组电压、充电电流、放电电流、单体电压、电池温度等参数进行采集。

② 电池保护电路模块:通常这部分是采用软件控制一些外部器件来实现的。如通过信号控制继电器的通断来允许或禁止充放电设备或电池的工作以实现对电池保护。

③ 均衡电路模块:主要用于对电池组单体电压的采集,并进行单体间的均衡充电使组中各电池达到均衡一致的状态。目前主要有主动均衡和被动均衡两种均衡方式,也可称之为无损均衡和有损均衡。

电池管理系统 (BMS) 主要涵盖以下几个功能:

① 电池工作状态监控。

电池工作状态监控主要指在电池的工作过程中,对电池的电压、温度、工作电流、电池电量等一系列电池相关参数进行实时监测或计算,并根据这些参数判断目前电池的状态,以进行相应的操作,防止电池的过充或过放。

② 电池充放电管理。

在电池的充电或放电的过程中,根据环境状态、电池状态等相关参数对电池的充电或放电进行管理,设置电池的最佳充电或放电曲线(如充电电流,充电上限电压值,放电下限电压值等)。

③ 单体电池间均衡。

单体电池间均衡即为单体电池均衡充电,使电池组中各个电池都达到均衡一致的状态。均衡器是电池管理系统的核心部件,但目前国内在这方面的技术还不成熟。

吉利帝豪 EV300 的电池包 BMS 电路和位置如图 1-11、图 1-12 所示。

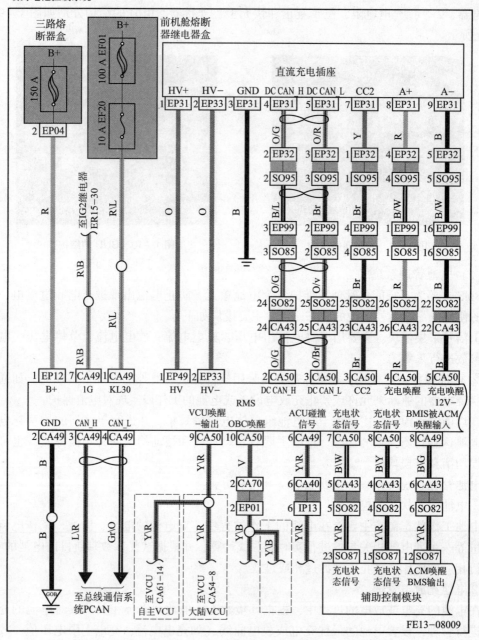

图1-11 电池包BMS电路

4. 进一步说明

整车三大控制核心模块不仅是吉利帝豪EV300的核心模块，同时也是国内相关纯电动汽车的三大核心模块，不同品牌的车型依据自身设计、功能需要，其相关模块的名称、分布位置也不尽相同，但整体的主要功能基本相同。

图1-12 BMS位置

咨讯内容记录

📝 **实测分析与数据补充**

项目二　吉利帝豪 EV300 整车三小控制核心模块认知

掌握吉利帝豪 EV300 整车的三小控制核心模块识别。

吉利帝豪车 EV300 的高压控制盒（PDU）、车载充电机（OBC）、DC/DC 模块三小控制核心模块认知及基本功能。

模块位置及功能分析。

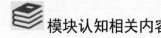 模块认知相关内容

1. 高压控制盒

高压控制盒（PDU）采用集中配电方案，结构设计紧凑，接线布局方便，检修方便快捷。根据不同客户的系统架构需求，高压控制盒还要集成部分电池管理系统智能控制管理单元，从而更进一步简化整车系统架构配电的复杂度。

在电动汽车上，与高压控制盒相连接的高压部件包括：动力电池、电机控制器、变频器、逆变电源、电动空调、电动除霜、充电座等。其结构示意图如图 2 - 1 所示。

PDU 通过母排及线束将高压元器件连接，为新能源汽车高压系统提供充放电控制、高压部件上电控制、电路过载短路保护、高压采样、低压控制等功能，保护和监控高压系统的运行。PDU 也能够集成 BMS 主控、充电模块、DC/DC 模块、PTC 控制模块等功能，目前 PDU 模块功能上更加集成化，结构上更复杂。PDU 配置灵活，可以根据客户要求进行定制开发，能够满足不同客户不同车型需求。

吉利帝豪 EV300 的 PDU 模块集成了充放电控制、高压部件上电控制、电路过载短路保护、高压采样、低压控制等功能，保护和监控高压系统运行的同时，也集成车载充电机模

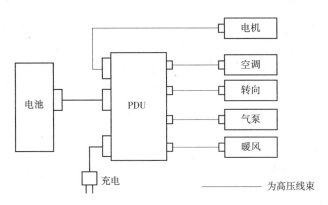

图 2-1　与 PDU 模块连接的高压部件

块、BMS 部分控制模块、DC/DC 转换模块、PTC 控制模块等,其在整车上的位置如图 2-2 所示。

图 2-2　PDU 在吉利帝豪 EV300 上的位置

高压控制

2. 车载充电机

车载充电机(OBC)仅与交流充电模式有关,与直流充电模式无关,车载充电机依据 BMS 提供的数据,能动态调节充电电流或电压参数,执行相应的动作,完成充电过程。

主要功能体现如下:

(1) 具备高速 CAN 网络与 BMS 通信的功能,判断电池包连接状态是否正确;获得电池系统参数及充电前和充电过程中数据整组和单体电池的实时数据。

(2) 可通过高速 CAN 网络与车辆监控系统通信,上传充电机的工作状态、工作参数和故障告警信息,接收启动充电或停止充电控制命令。

(3) 在充电过程中,充电机能保证动力电池的温度、充电电压和电流不超过允许值;并具有单体电池电压限制功能,自动根据 BMS 的电池信息动态调整充电电流。

(4) 自动判断充电连接器、充电电缆是否正确连接。当充电机与充电桩和电池包正确连接后,充电机才允许启动充电过程;当充电机检测到与充电桩或电池连接不正常时,立即停止充电。

(5) 充电互锁功能。保证充电机与动力电池连接分开以前,车辆不能起动。

(6) 高压互锁功能。

吉利帝豪 EV300 车载充电机集成在高压控制盒(PDU)模块内,位置及线束接口如图 2-3 所示。

3. DC/DC 变换器

对于纯电动汽车来说,DC/DC 变换器的功用相当于传统汽车的发电机。帝豪 DC/DC 变换器主要功能是将动力电池的高压电转为低压电给蓄电池及低压系统供电。DC/DC 变换器具有效率高、体积小、耐受恶劣工作环境等特点。

吉利帝豪 EV300 的 DC/DC 模块(包含 DC/DC 变换器)集成在 PEU 模块之内,位置如图 2-4 所示。

图 2-3 车载充电机在车上位置及连接线束

图 2-4 DC/DC 模块在车上位置

车载充电机

DC/DC 变换器

4. 进一步说明

对于 PDU、OBC、DC/DC 等模块,有的车型将三者分散布置,有的车型将三者进行集成,形成三合一模式,吉利帝豪 EV300 就是采用的三合一的布置模式,随着技术发展,这种集成应用越来越广泛,单纯将三个模块分散布置的模式应用越来越少。

咨讯内容记录

实测分析与数据补充

项目三　吉利帝豪 EV300 三辅助控制模块认知

掌握吉利帝豪 EV300 整车的三辅助控制模块识别。

吉利帝豪 EV300 的车身控制模块（BCM）、电子驻车控制模块（EPB）、车身稳定系统（ESP）三辅助控制核心模块认知及基本功能。

模块位置及功能分析。

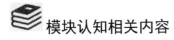

1. 车身控制模块主要功能

（1）采集驾驶员操作面前（包括操作台、方向盘多功能按钮、传感器等）各种输入信息。

（2）通过采集上述信息，输出相应的控制输出（灯光、车窗、刮水器及清洗等），检测负载故障。

（3）总线通信，包括与其他控制器的控制信息交换、上报故障状态、接收控制指令等。

车身控制模块（BCM）如图 3-1 所示，在吉利帝豪 EV300 上的位置如图 3-2 所示。

2. 电子驻车控制模块

吉利帝豪 EV300 的电子驻车控制模块（EPB）代替了传统的驻车制动系统，可以通过简单的开关操作来实现驻车制动；通过减少手动驻车器所需空间，使车辆内部设计更加方便、合理，EPB 按键图如图 3-3 所示。

图3-1 BCM 示意图

图3-2 BCM 在吉利帝豪 EV300 上的位置

车身控制模块主要功能

EPB 通过内置在其电脑中的纵向加速度传感器来测算坡度，从而可以算出车辆在斜坡上由于重力而产生的下滑力，电脑通过电机对后轮施加制动力来平衡下滑力，使车辆能停在斜坡上。当牵引力足够克服下滑力时，电脑驱动电机解除制动，从而实现车辆顺畅起步。

3. 车身稳定系统

车身稳定系统（ESP）通常由中央控制单元、转向传感器、车轮转速传感器、横向加速传感器、侧滑传感器和执行装置等部分组成。这些传感器

图3-3 吉利帝豪 EV300 的 EPB

负责感应车身状态并把数据传输给控制单元，一旦车辆出现临近失控状态，控制单元会马上控制执行机构工作，帮助车辆达到稳定状态。

ESP 包括电子刹车分配力系统（EBD）、防抱死刹车系统（ABS）、循迹控制系统

(TCS)、车辆动态稳定控制系统（VDC）。

（1）电子刹车分配力系统（EBD）。

电子刹车分配力系统主要调节制动力分配，以防止车辆后轮先抱死，一般情况下只有模块硬件出现故障时才会失效。

（2）防抱死刹车系统（ABS）。

防抱死刹车系统主要通过计算出车辆滑移率，控制在峰值附着系数附近，这属于被动安全控制。

（3）循迹控制系统（TCS）。

循迹控制系统称为牵引力控制系统，作用工况通常为低附路面车辆地步时，深度油门，驱动轮滑转，TCS发出请求发动机降扭同时轻微施加制动，使得车辆平顺起步，目前标定车辆可以达到在冰雪路面上全油门平顺起步。

（4）车辆动态稳定控制系统（VDS）。

车辆动态稳定控制系统主要通过对单个车轮主动增压以纠正车轮的不足转向和过度转向。

TCS和VDC属于主动增压，即不用施加制动踏板力即可以对制动管路施加压力。

吉利帝豪EV300车上相关按键示意图如图3-4所示。

图3-4 车身稳定系统按键

咨讯内容记录

实测分析与数据补充

项目四　吉利帝豪 EV300 整车三个典型调节模块认知

掌握吉利帝豪 EV300 整车的三个典型调节模块识别。

吉利帝豪车 EV300 的电动空调、电动转向系统（EPS）、制动能量回收认知及基本功能。

模块位置和功能调节分析。

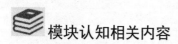

1. 电动空调

2016 年量产的帝豪 EV 系列，只有 1 套针对电驱动系统的热管理系统；2017 年量产的帝豪 EV300 采用 2 套循环管路（1 套用于电驱动、1 套用于驾驶舱空调制热和动力电池热管理）。

2017 款的帝豪 EV300 一套循环管路用于制冷和散热，其功能与传统汽车相似，另一套是供暖风的制热系统，该系统可有效实现制热功能，主要由 PTC 电加热模组实现，制冷和制热的部分模块在帝豪 2017 款 EV300 上的位置如图 4-1、图 4-2 所示。

PTC 电加热模块是采用 PTC 热敏电阻元件作为发热源的一种加热器。PTC 热敏电阻元件通常是用半导体材料制成的，PTC 热敏电阻元件具有随环境温度高低的变化，其电阻值随之增加或减小的变化特性。按材质可以分为陶瓷 PTC 热敏电阻、有机高分子 PTC 热敏电阻等。用于空调辅助电加热器一般采用陶瓷 PTC 热敏电阻。PTC 加热模块具有节能、恒温、安全和使用寿命长等特点，典型 PTC 模块如图 4-3 所示。

项目四　吉利帝豪EV300整车三个典型调节模块认知

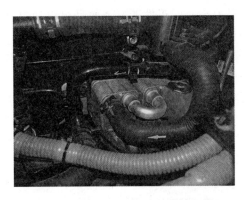

图4-1　部分空调制冷的模块位置

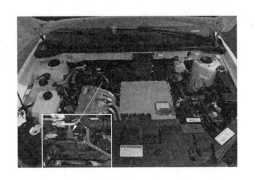

图4-2　部分空调制热的模块位置

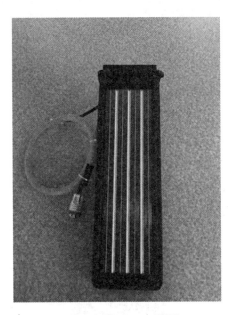

图4-3　典型PTC模块

2. 电动转向系统

纯电动汽车采用的电动转向系统（EPS）与传统汽车采用的电动系统基本相同，与液压动力转向系统相比，EPS主要有以下几个方面的优势：

（1）能耗少。EPS没有转向油泵，且只在转向时电动机才提供助力，所以动力消耗可降到最低。

（2）路感好。EPS能在各种行驶工况下提供最佳力，减小路面不平度所引起的对转向系统的扰动。且由于EPS系统内部采用刚性连接，系统的滞后特性可以通过软件加以控制，因此有较好的路感。

（3）安装方便。EPS取消了油泵、皮带、密封件、液压软管、液压油及密封件等零件，并且其电机和减速机构安装在转向柱或装在转向器内，从而使整个转向系统的重量减轻、结构紧凑且安装方便。

（4）回正性能好。EPS 结构简单精确、内部阻力小、回正性能好，而且可以通过软件进行补偿，从而可以得到最佳的转向回正特性，且可改善汽车的操纵稳定性。

（5）应用范围广。EPS 可适应各种汽车，目前主要用于轿车和轻型载货汽车。而对于新能源汽车尤其是纯电动汽车，EPS 系统为其最佳选择。

（6）整车网络构建。EPS 有 CAN/LIN 的网络接口，可以与汽车其他电子控制系统结合，例如主动悬架、制动防抱死（ABS）及驾驶员辅助系统等，共享其电子装置的功能，实现更加复杂的功能。

帝豪 2017 款 EV300 的 EPS 系统位置如图 4-4 所示。

图 4-4 帝豪 2017 款 EV300 的 EPS 系统位置如①所示

电动转向 EPS

3. 制动能量回收分析

电动机的作用是将电能转化为机械能，而发电机的作用是将机械能转化为电能。

纯电动汽车驱动电机在驱动车辆行驶的过程中，驱动电机作为电动机使用，将电能转换为机械能，实现车辆行驶，当纯电动汽车减速或制动时，驱动电机作为发电机使用，将机械能转换为电能，最后再通过逆变电路把转化来的电能储存到电池内。

能量回收示意图如图 4-5 所示。

4. 进一步说明

纯电动汽车的空调制冷系统与传统燃油车的空调制冷系统工作原理基本一致，不同之处在于空调制热系统工作方式；电动转向系统 EPS 的功能与传统燃油车电动转向 EPS 的功

图 4-5 能量回收示意图

能相似,但在具体的控制信号的传递方面可能存在不同;能量回收调节是纯电动汽车、混合动力汽车所特有的,传统燃油车没有该项功能。

咨讯内容记录

实测分析与数据补充

项目五 吉利帝豪 EV300 整车驱动与充电三输入模块认知

掌握吉利帝豪 EV300 整车驱动与充电三输入模块识别。

吉利帝豪车 EV300 的智能钥匙输入系统（PEPS）、电子挡位控制系统（EGSM）、辅助控制模块（ACM）认知及基本功能。

模块位置和功能认知。

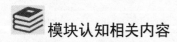 模块认知相关内容

1. 智能钥匙输入系统

智能钥匙输入系统（PEPS）是对传统的电子防盗装置（IMMO）和射频（RF）系统的整合和升级。PEPS 的核心技术之一是射频识别技术（RFID），随着 RFID 技术发展及其广泛的应用，被逐步应用到汽车上。

PEPS 通过特定的智能安全保护机制可自动实现对用户的身份识别，实现无钥匙进入及其一键式启动功能，极大地改善了用户操作的安全性、便捷性。一键启动及 PEPS 如图 5-1、图 5-2 所示。

2. 电子挡位控制系统

电子挡位控制系统在吉利帝豪 EV300 中的英文缩写为 EGSM，电子挡位控制系统作为纯电动汽车不可或缺的重要部件，替代了传统机械式的换挡机构，具有操作简单、体积小、减少空间占用、质量轻、装配更方便等特点。

项目五　吉利帝豪EV300整车驱动与充电三输入模块认知

图 5-1　一键启动按键

图 5-2　PEPS 模块示意图

　　换挡设计一般采用旋钮式或者传统挡把式设计，其挡位涉及包含基本的 R（倒挡）、N（空挡）、D（空挡）、P（驻车挡）等挡位，有些纯电动汽车还设计 E 挡位（经济模式）。对于 P 挡位（驻车挡），不同车型采用不同设计方式，有的采用单独的按键式，有的则与 R（倒挡）、N（空挡）、D（空挡）等挡位集成设计。

　　吉利帝豪 EV300 采用了传统挡把式设计，将 P 挡位（驻车挡）集成设计，同时也保留了按键式的 P 挡位设计，其结构如图 5-3 所示。

图 5-3　吉利帝豪 EV300 的挡位设计

电动转向 EPS

实现功能分析如下：

（1）N挡位有效时，D挡位或R挡位处于可触发状态，此时D挡位或R挡位按下有效；N挡位具有优先权，随时可取消D挡位或R挡位有效状态；

（2）D挡位有效时，R挡位处于无效状态，此时按下R挡位蓝色背光闪烁，蜂鸣器报警；

（3）R挡位有效时，D挡位处于无效状态，此时按下D挡位蓝色背光闪烁，蜂鸣器报警；

（4）有效键背光灯点亮，无效键背光灯熄灭或是点亮其他颜色。

3. 辅助控制模块

吉利帝豪EV300的辅助控制模块（ACM）布置在后备厢内部左翼（见图5-4），类似于交流充电的控制模块，交流充电口故障诊断时可以从此处入手，ACM与VCU、BMS等模块通过CAN线通信，正常工作时可以给交流充口盖打开状态指示灯、充电状态指示灯等提供12 V电源。在踩下制动踏板时，制动踏板给ACM相关控制信号，目的就是让ACM判定是否处于充电状态，若处于充电状态，则不能起动或行驶车辆；同时也判定车辆是否处于行驶状态，若处于行驶状态，则不能充电，保障充电安全。

4. 进一步说明

当前纯电动汽车的挡位控制系统越来越倾向于采用旋钮式的挡位设置。并不是所有的纯电动汽车车型都有ACM模块，帝豪EV450纯电动汽车已没有该模块，国产品牌车型也没有该模块，仅在吉利帝豪EV300车型上才有此模块。

图5-4 ACM位置

咨讯内容记录

实测分析与数据补充

诊断篇主要包含项目六至项目四十二，共计37个实训项目，该类实训项目以典型的故障点结合故障现象，进行分析，从基本的现象出发，进行诊断流程的设计，通过查阅相关的电路图，分析可能存在的原因。

该类故障的分析流程相对固定，主要涉及现象分析、故障诊断码分析、电路图分析、检测过程设计、得出相应的结论等。

在实训项目的设计过程中，遵循低压系统故障→高压系统故障→通信系统故障的原则进行设计，在检测过程中，进行了相应的分类，遵循故障查询的步骤，按照电源供电电路分析、搭铁线路分析、通信电路分析、元器件本身分析的原则，逐步进行开展项目化设计及教学，满足针对不同故障现象的诊断。

项目六　纯电动汽车故障诊断前准备工作

掌握每次故障诊断前的准备工作流程。

准备工作流程中的工作场地安全检查、个人防护设备检查、仪表检查、基本维保项目查验等。

故障诊断准备工作标准化操作。

 故障诊断与排除准备工作内容

1. 工作前场地安全检查

工作前场地安全检查主要包含警示牌、围栏、灭火器、防火沙、车辆放置、环境是否潮湿等内容，典型的检查项目分别如图 6-1~图 6-3 所示。

图 6-1　车辆围栏、警示牌摆放检查

图 6-2　使用灭火器

图6-3 确认场地安全，目测车辆停放是否周正

2. 工作前个人防护准备

工作前个人防护准备主要是检查防护着装、防护手套、静电手套、棉纱手套、安全帽、护目镜等内容，典型的检查项目分别如图6-4～图6-7所示。

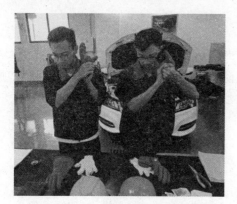 

图6-4 绝缘手套检查　　　　　　　图6-5 棉纱手套检查

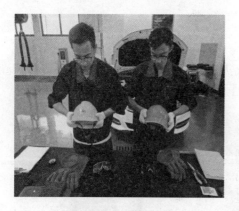 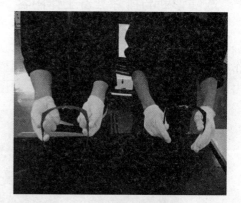

图6-6 安全帽检查　　　　　　　图6-7 护目镜检查

3. 工作前检测校准仪器、诊断仪器及车内外防护准备

工作前检测校准仪器、诊断仪器及车内外防护准备。主要涵盖工具的检查、仪表的测试、诊断仪的连接、充电设备检查、车内外基本维保措施等内容，典型的检查、防护项目分别如图6-8～图6-15所示。

项目六　纯电动汽车故障诊断前准备工作

图6-8　逐层检查工具箱各工具位置

图6-9　万用接线盒的检查　　　　　　图6-10　万用表的校准

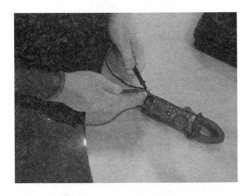 

图6-11　电流钳校准　　　　　　图6-12　故障诊断仪连接及检查

图6-13　绝缘测试仪使用前做开路、短路测试（一般要求测试时间10 s以上）以及分4个角依次进行绝缘垫绝缘性现场测试

图6-14 驾驶室、前机舱室防护套件的准备

图6-15 充电设备检查

工作前检测校准仪器、诊断仪器及车内外防护准备

4. 检查各高压插件安装情况

高压插件安装检查主要涉及各个高压橙色连接线束是否牢固,插头是否存在松动等情况,典型的检查项目分别如图6-16~图6-19所示。

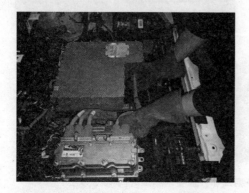

图6-16 电机控制器输入线束检查

图6-17 电机控制器输出线束检查

图6-18 PTC加热模块线束、插头检查

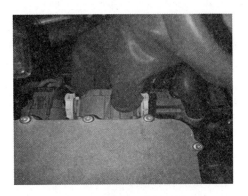
图6-19 维修开关插头检查

5. 目测检查冷却液液位、洗涤液液位、制动液液位、蓄电池牢固情况

前机舱内基本检查维保项目包含冷却液液位、洗涤液液位、制动液液位、蓄电池牢固等，典型的检查项目分别如图6-20~图6-23所示。

图6-20 冷却液液位检查

图6-21 洗涤液液位检查

图6-22 制动液液位检查

图6-23 蓄电池牢固性检查

6. 低压蓄电池电压测量及车辆识别码信息记录

在准备工作中要进行低压蓄电池电压测量以及掌握车辆一些基本信息，其检测、信息

记录分别如图 6-24～图 6-25 所示。

图 6-24 检测蓄电池电压

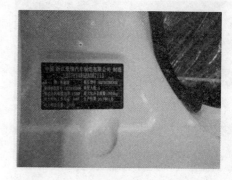

图 6-25 记录车辆基本信息的铭牌

7. 进一步说明

各环节根据场地实际情况，有针对性地进行准备工作，但上述准备工作不得缺少，对于绝缘测试仪的使用，需根据不同仪器使用说明书要求进行，同时对于车辆场地安全，可根据实际放置挡块等。

咨讯内容记录

实测分析与数据补充

项目七　IG1 继电器损坏导致整车上电异常

依据"低压不上电、仪表不亮、PEPS 工作正常"故障现象，分析电路图，掌握故障分析过程。

查阅对应电路图，分析故障电路图、故障诊断流程。

该故障现象诊断流程实施。

 故障分析过程

1. 故障现象

2017 款吉利帝豪 EV300，其故障现象为：低压不能上电、仪表不亮、PEPS 正常（ACC 挡位红色提示灯点亮，踩下制动踏板，按下 ON 挡，PEPS 按键显示绿色状态）。故障现象如图 7-1~图 7-3 所示。

图 7-1　车辆起动时故障现象

图 7-2　未踩下制动踏板时 PEPS 状态

图 7-3　踩下制动踏板时 PEPS 状态

2. 模块通信状态及故障码检查

(1) 故障码文字描述。

根据故障诊断仪及故障现象显示,踩下制动踏板后按下启动按钮 ON 后,观察到 START 正常显示,初步判定 PEPS 本身的供电搭铁正常,下一步针对 IG1 继电器元件本身、IF25 熔断器、相关线路及 PEPS 相关的控制线路进行排查。

(2) 故障诊断仪显示。

故障诊断仪显示的故障现象如图 7-4 所示。

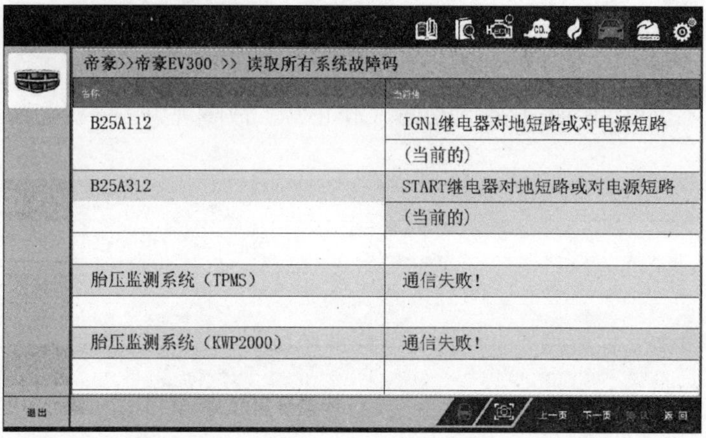

图 7-4　IG1 故障相关故障码

(3) 相关数据流文字描述及显示

VCU 报一键启动电源模式状态为"开",相关数据流故障诊断仪显示如图 7-5 所示。

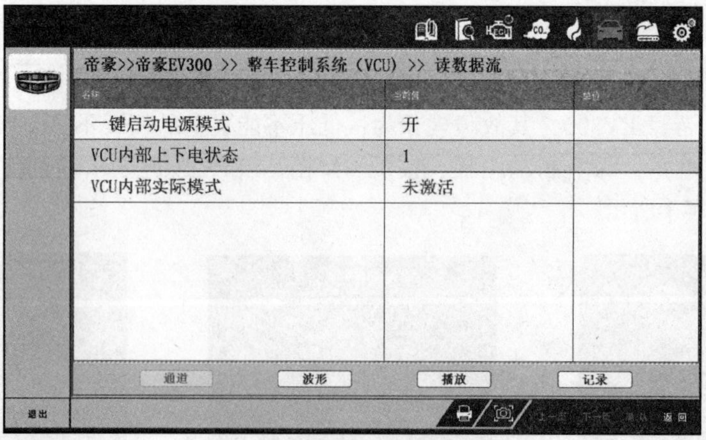

图 7-5　读取关于 IG1 数据流

3. 确认故障范围

IG1 继电器 (RL1) 连接线路及相关熔断器、IG1 继电器本身。

项目七　IG1继电器损坏导致整车上电异常

4. 检测流程

根据故障范围分步骤进行线路流程检测：

（1）检测分析。

根据故障现象及读取数据流显示，一键启动电源模式为"正常"；根据故障码显示针对 IG1 继电器本身及线路进行排查。

（2）检测电路图。

需要检测的电路图如图 7-6 所示。

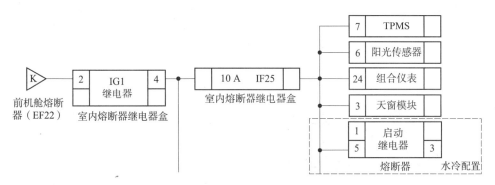

图 7-6　需要检测的电路图

（3）具体检测过程。

故障诊断与排除准备工作完毕之后，具体诊断过程如下：

①诊断过程。

整个诊断过程如图 7-7～图 7-10 所示。

测量 IG1 继电器 87 号（电路图标注为 4 号）端子输出端到 IF25 熔断器输入端电阻。测量过程如图 7-11～图 7-21 所示。

图 7-7　车辆下电，断开低压电源负极

| 45 |

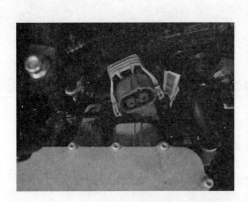 

图 7-8　断开高压连接部件，静置 5 min

图 7-9　拔下 IG1 继电器　　　　　　　图 7-10　IG1 继电器 87 号端子输出端

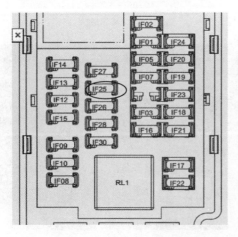 

图 7-11　IF25 熔断器输入端

图 7-12　测量 IG1/4 输出端到 IF25 熔断器输入端间电阻（0.1 Ω）

 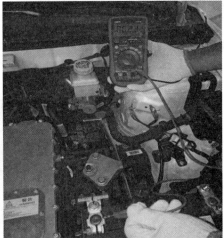

图 7-13　测量 IG1/2 输入端到 B+输出端电阻（2.3 Ω）

图 7-14　测量 IG1/3 到 IP33/9 间电阻（0.2 Ω）

图7-15　目测IF25熔断器　　图7-16　使用万用表校准　　图7-17　测量IF25熔断器的导通情况

图7-18　对IG1继电器进行静态测试　　图7-19　动态测试IG1继电器（无穷大）

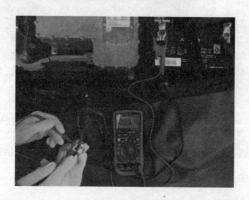 

图7-20　更换IG1继电器后测量结果（导通）　　图7-21　确定故障点

IG1继电器元件损坏诊断过程以及故障点确定

经过线路测量得知线路为正常导通，在排查元件的同时检测到IG1继电器在动态测试中30与87端无法正常闭合，为继电器本身故障。

②测量流程图。

该检测流程图如图 7-22 所示。

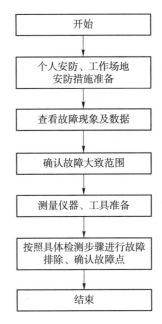

图 7-22 检测流程图

5. 该故障检测流程的进一步说明

根据电路图首先测量 IG1 输出到 IF25 熔断器输入的导通情况,确认输入端没有问题后,测量 IG1 继电器的输入端到 B+输出端的导通情况,此故障主要围绕配电图展开,若 IG1 的输出端到 IF25 的输入端线路为导通状态,元件为导通状态,则根据相应需要进一步排查 PEPS 输出控制线的线路问题,如图 7-23 所示。

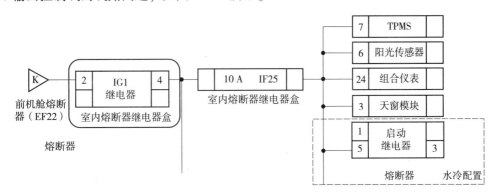

图 7-23 故障点存在

📝 咨讯内容记录

实测分析与数据补充

项目八　VCU供电线路断路引起整车上电异常

依据"低压不上电、VCU无法进入系统、仪表显示IMMO认证失败、P挡闪烁、动力系统故障灯点亮"故障现象，分析电路图，掌握故障分析过程。

诊断仪正确操作过程，查阅对应电路图，分析故障电路、故障诊断流程。

该故障现象诊断流程设计、实施以及该故障排查思路整理。

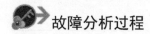

1. 故障现象

2017款吉利帝豪EV300，其故障现象为：低压不能上电、VCU无法进入系统、仪表显示IMMO认证失败、P挡闪烁、动力系统故障灯点亮。仪表现象如图8-1所示。

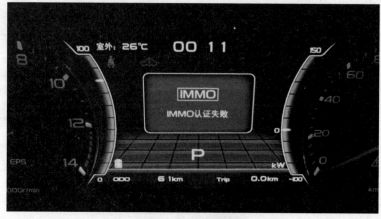

图8-1　仪表现象

2. 模块通信状态及故障码检查

（1）故障码文字描述。

VCU 系统无法进入，无法读取相关故障码。

（2）故障诊断仪显示如图 8-2 所示。

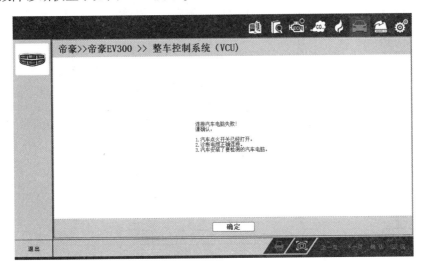

图 8-2 故障诊断仪显示

（3）相关数据流文字描述。

无相关数据流。

（4）相关数据流故障诊断仪显示。

无。

3. 确认故障范围

VCU 模块的供电、搭铁、通信以及模块自身。

4. 检测流程

根据故障范围分步骤进行线路流程检测。

（1）检测分析。

根据仪表显示故障现象及诊断仪显示状态，初步判定 VCU 供电、通信、搭铁三条主线均可能存在问题，按照检测顺序，首先针对其供电线路进行分段排查。

（2）检测电路图。

需要检测的部分电路图如图 8-3 所示。

（3）具体检测过程。

故障诊断与排除准备工作完毕之后，具体诊断过程如图 8-4~图 8-7 所示。

该故障进行测量时可先用背插法测得故障点大致位置或范围，后测得 CA55/71 对地电压不正常，分段测量后发现 EF05 输出端到 CA55/71 间线路电阻无穷大，从而确定为断路故障点。

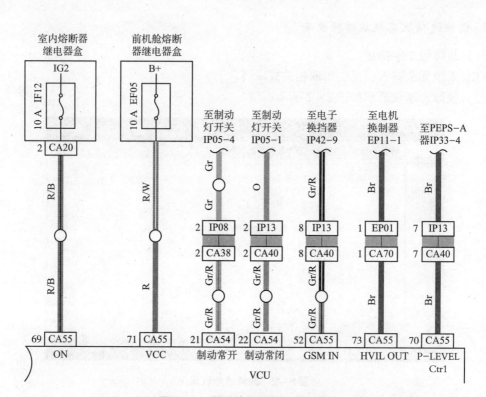

图 8-3 需要检测的部分电路图

图 8-4 打开点火开关后测量 CA55/71 的背插对地电压（0 V）

经过测量线路后将故障范围锁定在 CA55/71 至 B+ 间线路上，随后针对该线路进行分段测量，找出故障点所在线路，如图 8-8、图 8-9 所示。

项目八　VCU供电线路断路引起整车上电异常

图8-5　车辆下电，断开低压电源负极

图8-6　断开高压连接部件，静置5 min

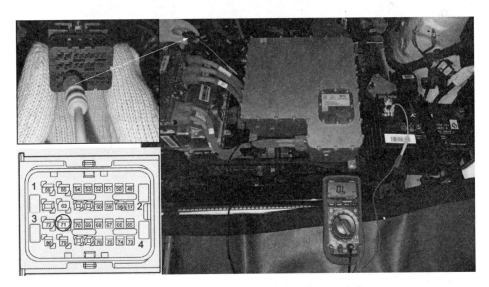

图8-7　CA55/71到B+线路电阻值（无穷大）

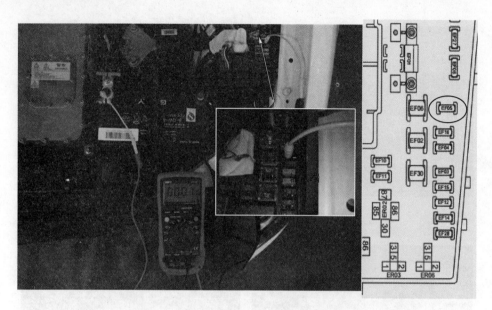

图8-8 测量B+输出端到EF05熔断器输入端间电阻（0.1Ω）

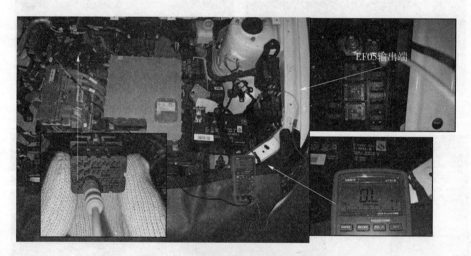

图8-9 测量EF05输出端到CA55/71间电阻（无穷大）

IG1 VCU电源线断路诊断过程以及故障点确定

该故障进行测量时可先用背插法测得故障点大致位置或范围，后测得CA55/71对地电压不正常，分段测量后发现EF05输出端到CA55/71间线路电阻无穷大，从而确定为断路故障点。

5. 该故障检测流程的进一步说明

根据诊断仪显示故障现象,先背插测得电压值为 0 V,判断 CA55/71 到 B + 之间线路,由于该线路之间存在 EF05 熔断器,对 EF05 熔断器输入端及输出端两端线路进行分段测量,测得 EF05 输出端到 VCU CA55/71 之间线路存在断路故障,确定故障点如图 8 - 10 所示。

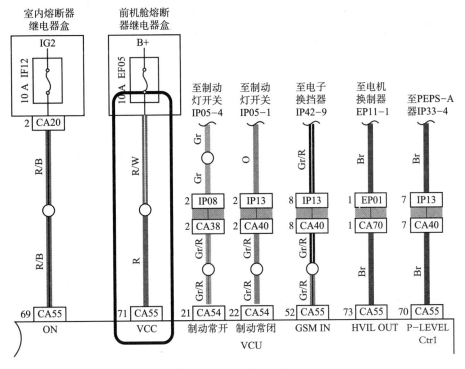

图 8 - 10 故障点存在

咨讯内容记录

实测分析与数据补充

项目八　VCU供电线路断路引起整车上电异常

项目九　VCU 模块 P CAN – H 线路断路引起整车上电异常

依据"高压不能上电、仪表正常点亮、READY 灯不亮、动力系统故障灯点亮、P 挡闪烁"故障现象，分析电路图，掌握故障分析过程。

解码仪正确操作过程，分析故障电路图、故障诊断流程。

该故障现象诊断流程设计、实施，以及该故障排查思路整理。

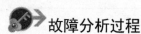

1. 故障现象

2017 款吉利帝豪 EV300，其故障现象为：高压不能上电、仪表正常点亮、READY 灯不亮、动力系统故障灯点亮、P 挡闪烁，故障现象如图 9 – 1 所示。

2. 模块通信状态及故障码检查

（1）故障码文字描述。

根据故障码显示，当前故障主要由电机控制器、BMS、车载充电机三个方面产生，分别进入以上三个模块进行故障码读取，PEU 报 CAN 帧超时故障、BMS 报 VCU 通信故障、OBC 车载充电机报文错误。

（2）故障诊断仪显示如图 9 – 2 ~ 图 9 – 5 所示。

（3）相关数据流文字描述。

PEU、BMS、OBC 三个模块均显示无误。

（4）相关数据流故障诊断仪显示如图 9 – 6 所示。

图 9-1 仪表现象

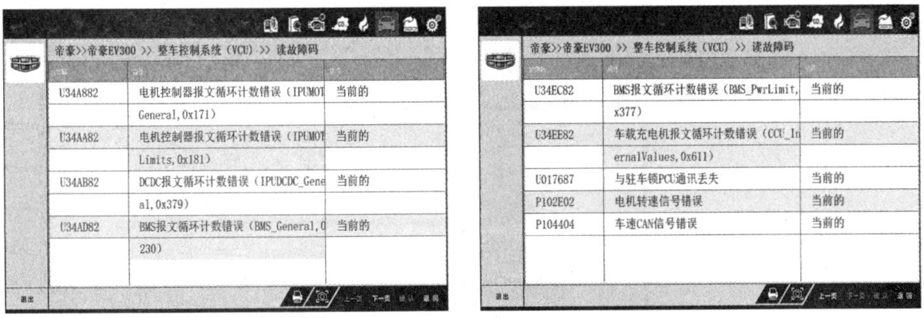

图 9-2 VCU 系统解码仪显示

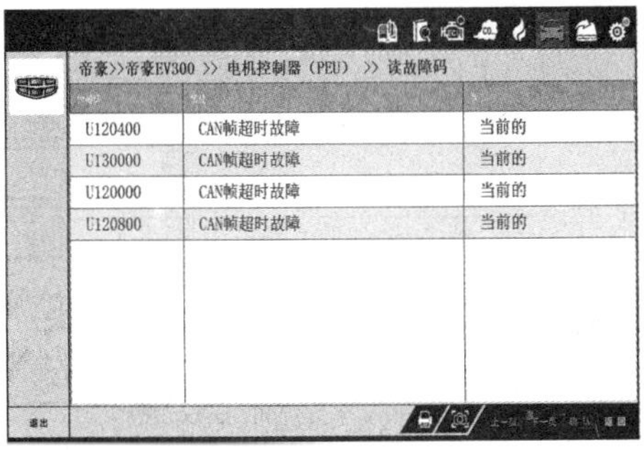

图 9-3 PEU 系统解码仪显示

图 9-4 BMS 解码仪显示

3. 确认故障范围

VCU 模块 CAN 总线通信系统。

4. 检测流程

根据故障范围分步骤进行线路流程检测。

图9-5　OBC解码仪显示　　　　　　　图9-6　数据流故障诊断仪显示

(1) 检测分析。

针对以上故障码及故障数据流显示，PEU、BMS、OBC 3个模块本身没有故障，理由是模块系统在上电的情况下都可以进入，并且报出的故障码，都是与CAN总线通信相关的故障码，由此推断，VCU模块CAN线通信系统可能存在问题，需详查电路图。

(2) 检测电路图。

需要检测的电路图如图9-7所示。

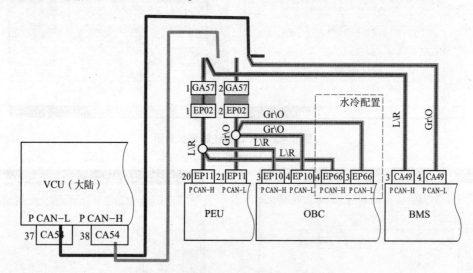

图9-7　需要检测的电路图（部分）

(3) 具体检测过程。

整个的诊断过程如图9-8~图9-11所示。

根据解码仪显示可以将故障范围锁定在CAN线线路上，背插电压异常，拆下插接器测得电阻异常故障可能为线路断路故障，接下来对线路进行逐步测量，如图9-12所示。

该故障测量时可以先根据解码仪报出的报码，判断CAN线可能存在的问题，利用背插测电压法测得CAN线电压，同时利用示波器进行波形特性验证，进一步确认通信线存在异常，将车辆下电后用电阻法测量37/38间的电阻值，电阻值为无穷大状态，此时可以将故障范围锁定在37/38两条CAN线间，进行分段测量，测得CA54/38到CA57/1间电阻值无穷大，故障确诊为CA54/38到CA57/1间线路断路故障。确定故障点如图9-13所示。

项目九 VCU模块 P CAN-H 线路断路引起整车上电异常

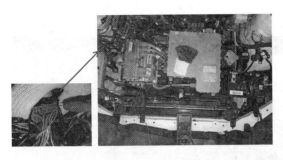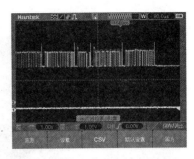

图 9-8 上电后背插测量 CA54/38 与搭铁间电压（图右为示波器波形图，P CAN-H 波形异常）

图 9-9 车辆下电，断开低压电源负极

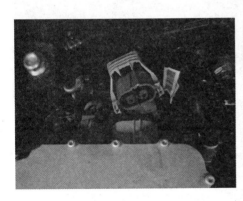

图 9-10 断开高压连接部件，静置 5 min

5. 该故障检测流程的进一步说明

针对此类故障，借助诊断仪器的故障码和数据流的读取判断出是模块供电、搭铁故障还是 VCU CAN 通信的问题，根据背插测得结果显示 P CAN-H 电压值为 2.3~2.9 V，借助示波器进行波形特性验证，采用分段测量方式，从而进一步判断故障在 CA54/38 处，CA57 和 EP02 为 PEU、OBC、BMS 总插接点，所以只需测量 CA54/38 到插接 CA57/1 间电阻值，便能确定故障所在位置。

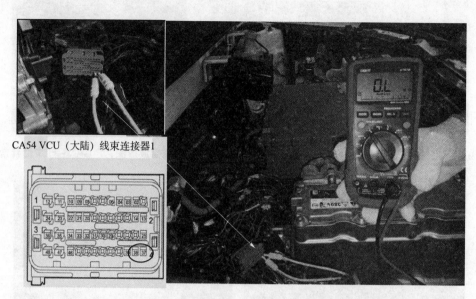

图 9-11　CA54/37 - CA54/38 间终端电阻无穷大（正常值 56 Ω）

图 9-12　测量 CA54/38（P CAN-H）到 CA57/1（插接件）电阻值为无穷大

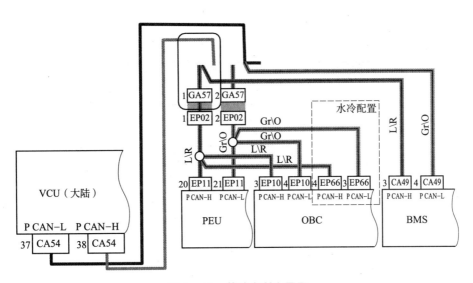

图 9-13 故障点所在显示

咨讯内容记录

实测分析与数据补充

项目十　VCU 搭铁线断路引起整车上电异常

依据"低压不能上电、VCU 无法进入系统、仪表显示 IMMO 认证失败、P 挡闪烁、动力系统故障灯点亮"故障现象，分析电路图，掌握故障分析过程。

解码仪正确操作过程，查阅对应电路图，分析故障电路、故障诊断流程。

该故障现象诊断流程设计、实施，以及该故障排查思路整理。

故障分析过程

1. 故障现象

2017 款吉利帝豪 EV300，其故障现象为：低压不能上电、VCU 无法进入系统、仪表显示 IMMO 认证失败、P 挡闪烁、动力系统故障灯点亮。仪表现象如图 10-1 所示。

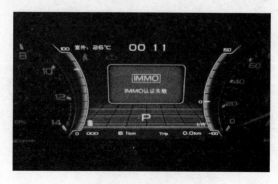

图 10-1　仪表现象

2. 模块通信状态及故障码检查

(1) 故障码文字描述。

VCU 无法进入，所以没有相关故障码。

(2) 故障诊断仪显示如图 10-2 所示。

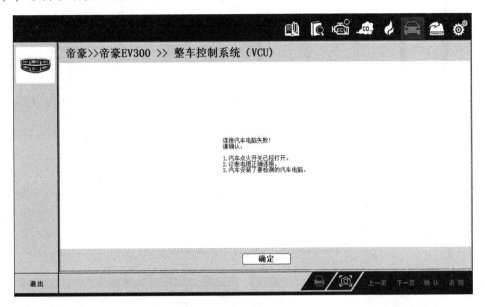

图 10-2 故障诊断仪显示

(3) 相关数据流文字描述。

无相关数据流。

(4) 相关数据流故障诊断仪显示。

无相关数据流图。

3. 确认故障范围

VCU 模块供电、搭铁、通信及自身。

4. 检测流程

根据故障范围分步骤进行线路流程检测：

(1) 检测分析。

根据仪表显示故障现象及诊断仪显示状态，初步判定 VCU 模块供电、通信、搭铁三条主线均可能存在问题，在对供电线、通信线进行了分段排查，确保无误的情况下，下一步进行搭铁线排查。

(2) 检测电路图。

需要检测的电路图如图 10-3 所示。

(3) 具体检测过程。

整个的诊断过程如图 10-4 ~ 图 10-6 所示。

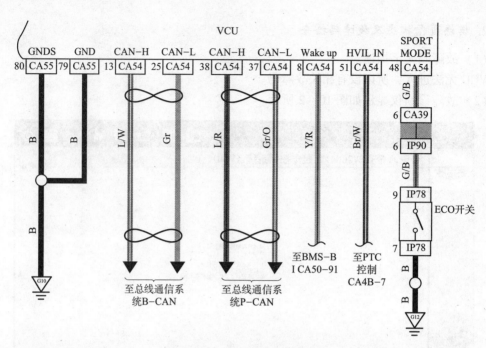

图 10-3 需要检测的电路图

图 10-4 车辆下电,断开低压电源负极,静置 5 min

图 10-5 断开高压连接部件,静置 5 min

项目十 VCU搭铁线断路引起整车上电异常

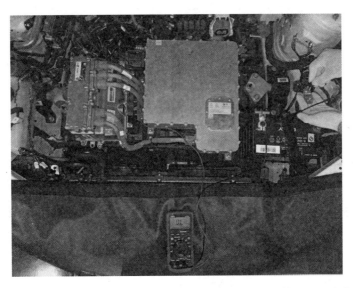

图 10-6 测量 CA55/79、80 到外界搭铁间的电阻导通情况（无穷大）

根据解码仪提示 VCU 电脑无法进入，可以导致这种故障现象的有 VCU 模块、通信、搭铁、自身。由于项目八、九已经针对 VCU 的供电以及 CAN 线通信进行排查，故在进行相关分析基础上，只需要测量 VCU 的搭铁部分（79/80）与搭铁之间电阻，测量结果为电阻无穷大，为断路故障。确定故障点如图 10-7 所示。

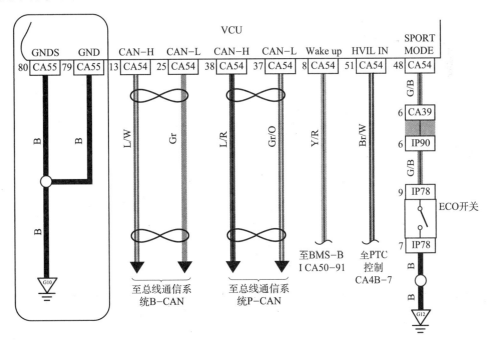

图 10-7 故障点所在图例

| 71

VCU 搭铁线断路诊断过程以及故障点确定

5. 该故障检测流程的进一步说明

根据故障诊断仪显示，在排除掉供电故障后，接下来准备测量搭铁线路，因为 CA55/79、80 均为 VCU 搭铁线，所以在排查故障时针对 79、80 两条搭铁线进行测量。

咨讯内容记录

✏️ 实测分析与数据补充

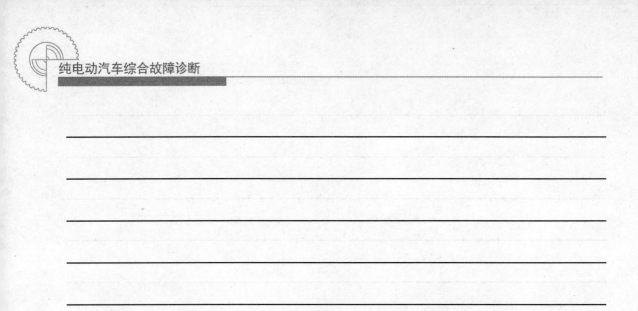

项目十一　PEU 模块供电线路断路引起高压无法上电

依据"高压不能上电、仪表异常点亮、READY 灯不亮、动力系统故障灯点亮"故障现象，分析电路图，掌握故障分析过程。

解码仪正确操作过程，查阅对应电路图，分析故障电路图、故障诊断流程。

该故障现象诊断流程设计、实施，以及该故障排查思路整理。

故障分析过程

1. 故障现象

2017 款吉利帝豪 EV300，其故障现象为：高压不能上电、仪表异常点亮、READY 灯不亮、动力系统故障灯点亮。仪表现象如图 11-1 所示。

图 11-1　仪表现象

2. 模块通信状态及故障码检查

(1) 故障码文字描述：

打开点火开关起动车辆时，仪表显示动力系统故障灯点亮，车辆无法 READY，连接诊断仪读取故障码后，VCU 报电机控制器报文循环计数错误，打开 PEU 模块时系统显示无法进入。

(2) 故障诊断仪显示如图 11-2、图 11-3 所示。

故障码	描述	状态
U34A882	电机控制器报文循环计数错误（IPUMOT General,0x171）	当前的
U34AA82	电机控制器报文循环计数错误（IPUMOT Limits,0x181）	当前的
U34AB82	DCDC报文循环计数错误（IPUDCDC_General,0x379）	当前的
P102E02	电机转速信号错误	当前的
P104404	车速CAN信号错误	当前的
P104E63	VCU检测高压互锁超时（上下电时）	当前的

图 11-2 读取 VCU 系统故障码

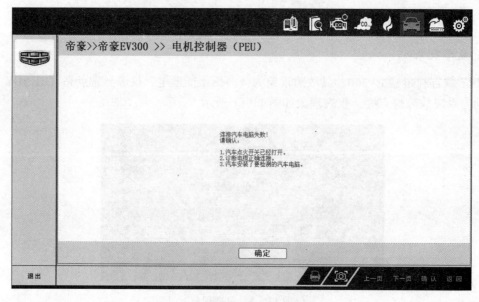

图 11-3 读取 PEU 系统故障码

(3) 相关数据流文字描述。

因 PEU 模块无法进入，系统无法读取相关数据流。

(4) 相关数据流故障诊断仪。

无相关故障码。

3. 确认故障范围

PEU 模块的供电、通信、自身、搭铁及相关线路、熔断器。

4. 检测流程

根据故障范围分步骤进行线路流程检测。

(1) 检测分析。

根据 VCU 报出的电机故障代码，尝试进入电机控制器（PEU）模块时，诊断仪显示进入系统失败，无法读取电机控制器的故障码和数据流，能够引起以上故障现象的线路问题主要为供电、搭铁、通信以及本身问题，但是由于电机控制器的特殊性，搭铁线属于车身壳体内部搭铁，当模块的搭铁线路发生断路时，模块便会启用车身内部搭铁以保证车辆处在临时安全的工作状态，故单纯的搭铁断路故障后，各系统均显示正常，车辆仪表显示"READY"没有故障码和相关数据流，针对此类故障现象的还有 PEU IG2 继电器 ER15/30 端到 EP11/25 线路故障，此故障在以上现象基础上的区别是车辆无法行驶。出现上述故障，首先排除搭铁故障，接下来首先针对 PEU 模块的供电线路进行检测与排查。

(2) 检测电路图。

需要检测的电路图如图 11-4 所示。

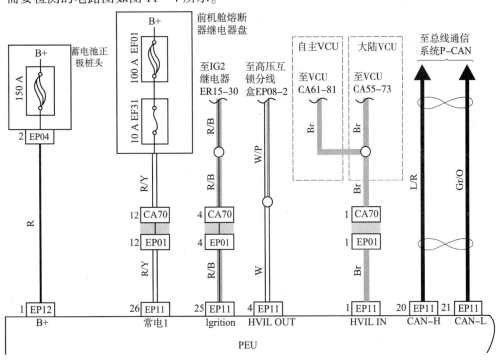

图 11-4　需要检测的电路图

（3）具体检测过程。

整个诊断过程如图 11-5～图 11-12 所示。

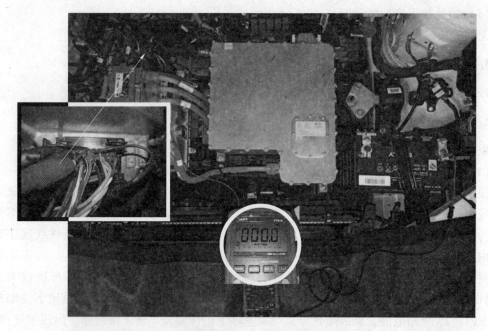

图 11-5　背插测量 PEU EP11/26 到搭铁间电压

图 11-6　车辆下电，断开低压电源负极

5. 该故障检测流程的进一步说明

根据故障诊断仪判断，故障点可能存在供电、搭铁、自身以及通信四个方面，先用背插测电压法缩小故障范围，在测得供电端 EP11/26 号时，测得电压为 0 V，该线路可能存在问题，随后断开高低压供电，测量 EP11/26 到 B+ 间的电阻值，结果为无穷大，证明该线路当中存在线路断路故障。对该线路分段电阻测量后，发现 EP11/26 到 EP01/12 间电阻无穷大，为线路断路故障。根据 VCU 所报出的故障码，在依次排查期间，尤其注意线路当中是否有插接器，若存在插接器，需断开后进行分段测量，以便确定故障点存在具体位置，确定故障点位置如图 11-13 所示。

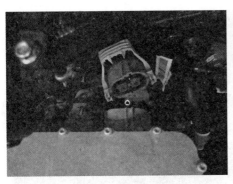

图 11-7　断开高压连接部件，静置 5 min

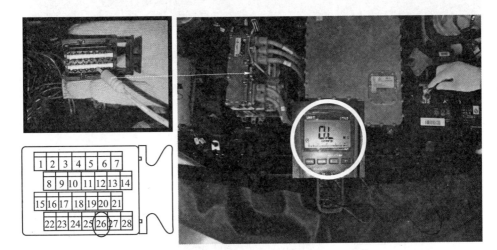

图 11-8　测量 EP11/26 到 B+间电阻

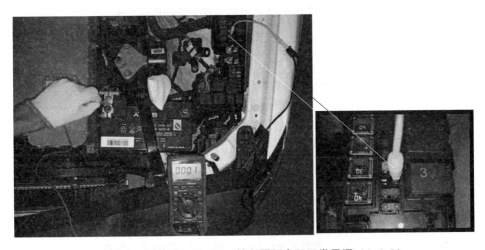

图 11-9　测得 B+到 EF31 熔断器间电阻正常导通（0.1 Ω）

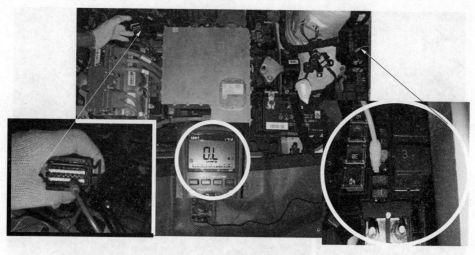

图 11-10　测量 EF31 输出端到 EP11/26 间电阻为无穷大

图 11-11　测量 EF31 输出端到 CA70/12 间电阻导通情况

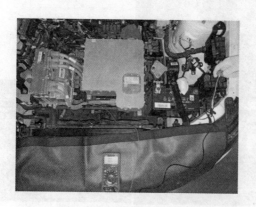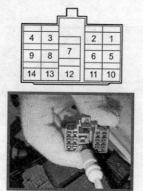

图 11-12　测量 EP01/12 到 EP11/26 间电阻导通情况

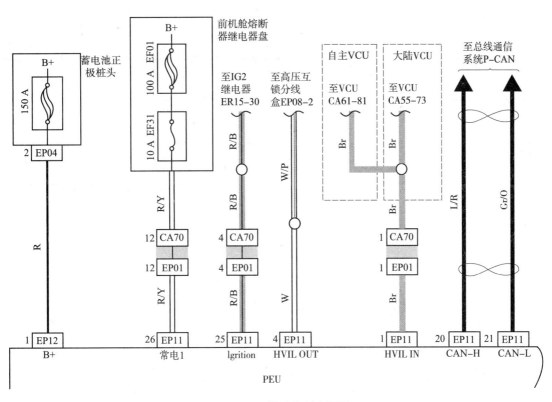

图 11-13 故障点所在图例

咨讯内容记录

实测分析与数据补充

项目十一　PEU模块供电线路断路引起高压无法上电

项目十二　PEU 模块 CAN – L 断路引起的高压无法上电

依据"高压不能上电、仪表异常点亮、READY 灯不亮、动力系统故障灯点亮"故障现象，分析电路图，掌握故障分析过程。

解码仪正确操作过程，查阅对应电路图，分析故障电路图、故障诊断流程。

该故障现象诊断流程实施以及故障排查思路整理。

故障分析过程

1. 故障现象

2017 款吉利帝豪 EV300，其故障现象为：高压不能上电、仪表异常点亮、READY 灯不亮、动力系统故障灯点亮。仪表现象如图 12 – 1 所示。

图 12 – 1　仪表现象

2. 模块通信状态及故障码检查

（1）故障码文字描述。

打开点火开关起动车辆时，仪表显示动力系统故障灯点亮，车辆无法 READY，连接诊断仪读取故障码后，VCU 显示电机控制器报文循环计数错误。打开 PEU 模块时系统显示无法进入。

（2）故障诊断仪显示如图 12-2、图 12-3 所示。

故障码	内容	状态
U34A882	电机控制器报文循环计数错误（IPUMOT General,0x171）	当前的
U34AA82	电机控制器报文循环计数错误（IPUMOT Limits,0x181）	当前的
U34AB82	DCDC报文循环计数错误（IPUDCDC_General,0x379）	当前的
P102E02	电机转速信号错误	当前的
P104404	车速CAN信号错误	当前的
P104E63	VCU检测高压互锁超时（上下电时）	当前的

图 12-2　读取 VCU 系统故障码

图 12-3　读取 PEU 系统故障码

（3）相关数据流文字描述。

因 PEU 模块无法进入系统，故无法读取相关数据流。

（4）相关数据流故障诊断仪显示。

无。

3. 确认故障范围

PEU 模块的供电、通信、自身、搭铁及相关线路、熔断器。

4. 检测流程

根据故障范围分步骤进行线路流程检测。

（1）检测分析。

根据 VCU 报出的电机故障代码，尝试进入电机控制器（PEU）模块时，诊断仪显示进入系统失败，无法读取电机控制器的故障码和数据流，能够引起以上故障现象的线路问题主要为供电、搭铁、通信以及自身问题，结合项目十一的分析，可以直接针对通信线路进行检测排查。

（2）检测电路图。

需要检测的电路图如图 12-4 所示。

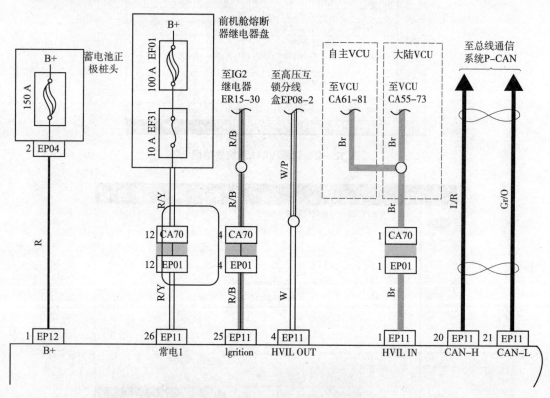

图 12-4 需要检测的电路图

（3）具体检测过程。

整个诊断过程如图 12-5～图 12-10 所示。

根据解码仪提示故障范围大致为 CAN 路线上，因为所有的系统报出的故障码都与 PEU CAN 线有关，所以先针对 CAN 线测量，背插测量后电压显示为异常状态，根据示波器显示信号波形特性得以进一步确认，断开高低压供电，拔下 PEU 插接器，测量 EP11/21 到 VCU 模块 CA54/38 间电阻，为无穷大，下一步针对 EP11/21 和 EP02/2 间线路进行测量，确定为 EP11/21 和 EP02/2 间线断路故障。

项目十二 PEU模块CAN-L断路引起的高压无法上电

  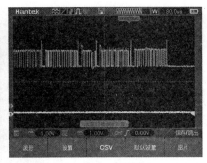

图12-5 上电后背插测量EP11/21 CAN-L线电压值在2.1~2.7 V波动，
上电后背插测量EP11 CAN-L线正常值为2.3 V稳定值
（图右为示波器波形图，CAN-H波形异常）

 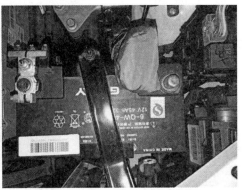

图12-6 车辆下电，断开低压电源负极

图12-7 断开高压连接部件，静置5 min

5. 该故障检测流程的进一步说明

PEU通过CAN通信信号向VCU发出请求指令，按照检测顺序排查EP11模块的CAN通信故障时，首先检测CAN-H与CAN-L终端电阻，然后进行分段测量，EP11模块的CAN-L线到VCU CAN-L电阻值为无穷大，则进行分段测量后，得出EP11/21到EP02/2

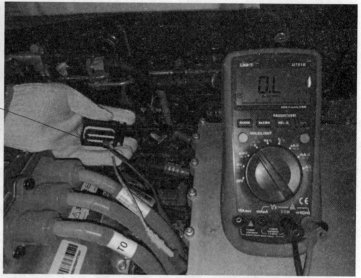
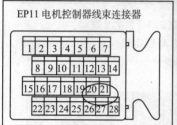

图12-8 测量EP11 CAN-H到CAN-L线路间终端电阻

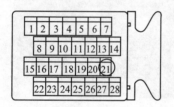

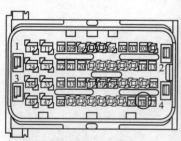

图12-9 测量EP11/21到VCU CA54/38间电阻导通情况

为线路断路故障,故障点电路图如图12-11所示。若出现CAN-H故障,检测方式同上所述,区别在于端子位置不同。

项目十二　PEU模块CAN-L断路引起的高压无法上电

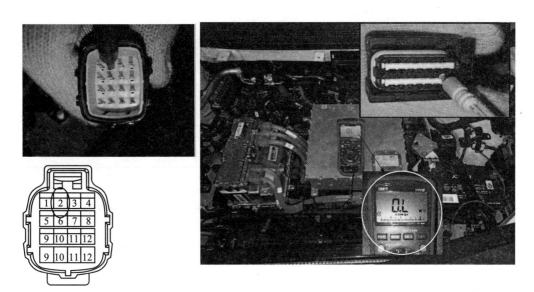

图 12-10　测量 EP11/21 到 EP02/2 间电阻

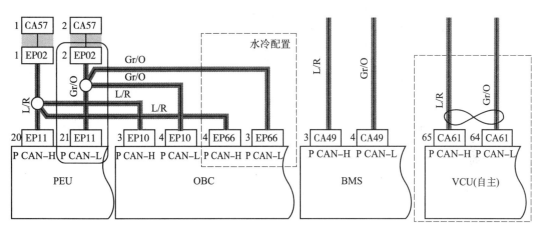

图 12-11　故障点所在图例

咨询内容记录

✏️ 实测分析与数据补充

项目十三　OBC 供电断路引起高压无法上电

依据"高压不能上电,车辆 READY 灯不亮,动力故障灯点亮"故障现象,分析电路图,掌握故障分析过程。

查阅对应电路图,分析故障电路图、故障诊断流程。

该故障现场诊断流程设计、实施,以及该故障排查思路整理。

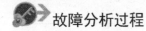

故障分析过程

1. 故障现象

2017 款吉利帝豪 EV300,其故障现象为:高压不能上电,车辆 READY 灯不亮,动力故障灯点亮。仪表现象如图 13-1 所示。

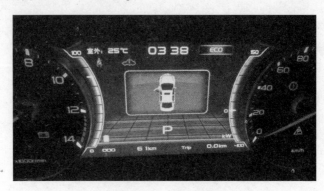

图 13-1　仪表现象

2. 模块通信状态及故障码检查

（1）故障码文字描述。

VCU 显示 OBC 车载充电机报文循环计数错误，根据这一故障代码，针对 OBC 模块展开排查，选中 OBC 模块后，系统显示无法进入。

（2）故障诊断仪显示如图 13-2、图 13-3 所示。

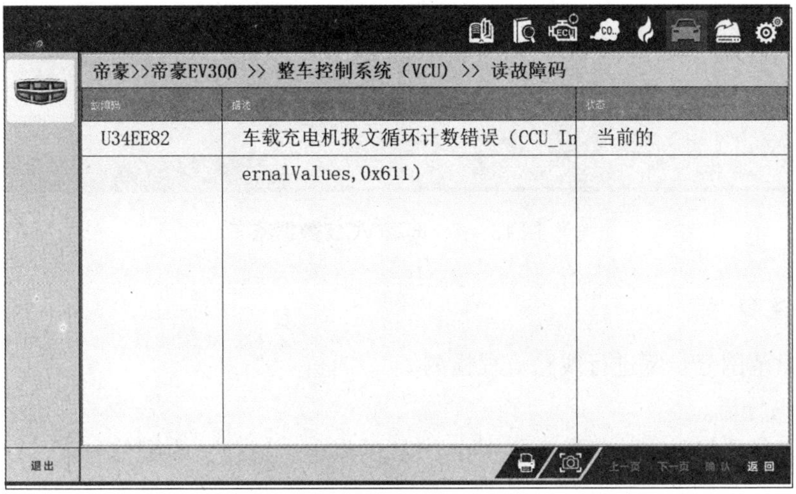

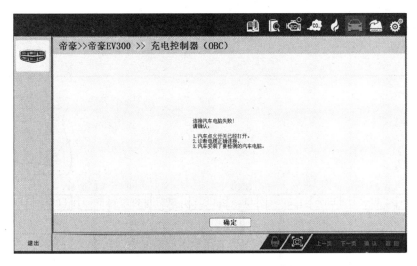

图 13-2　故障诊断仪显示 VCU 的故障码

图 13-3　故障诊断仪显示 OBC 的故障码

（3）相关数据流文字描述。

当电源线出现故障时，数据流读取如图 13-4 所示。

3. 确认故障范围

OBC 车载充电机供电、通信、唤醒信号线、元器件本身及相关熔断器、继电器。

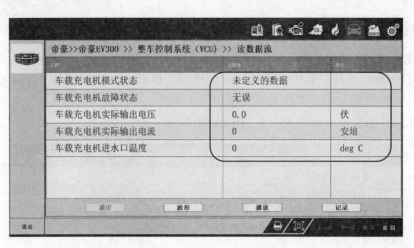

图 13-4 读取 VCU 数据流

4. 检测流程

根据故障范围分步骤进行线路流程检测。

(1) 检测分析。

根据故障代码显示,故障主要集中在 OBC 的供电、通信、唤醒信号上,OBC 搭铁线为壳体内部搭铁,主要出于充电安全考虑,即使断掉 OBC 模块的搭铁线后,没有任何故障现象,车辆上电和工作均为正常,所以故障中无法涉及。

(2) 检测电路图。

需要检测的电路图如图 13-5 所示。

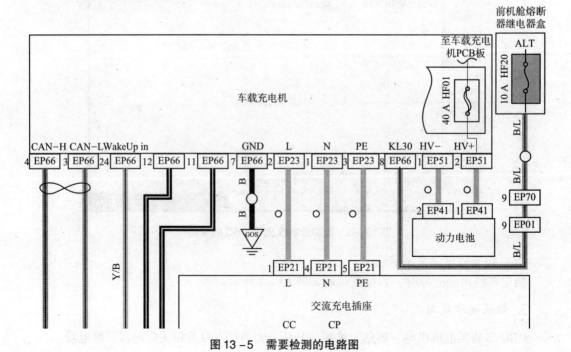

图 13-5 需要检测的电路图

OBC 电源线断路故障现象及确定故障范围

（3）具体检测过程。

整个诊断过程如图 13-6～图 13-12 所示。

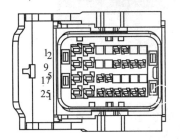

图 13-6　上电后测量 EP66/08 电压

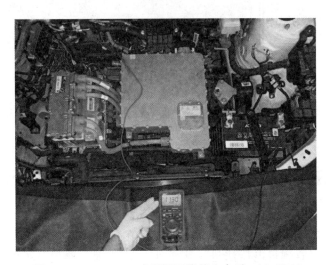

图 13-7　EP66/08 电源线正常值上电后：11.30 V

图 13-8　车辆下电，断开低压电源负极

图 13-9　断开高压连接部件，静置 5 min

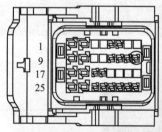

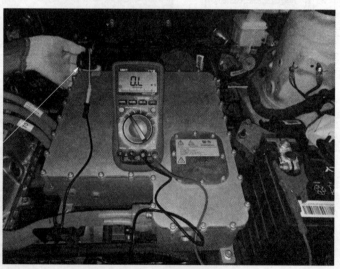

图 13-10　测量 EP66/8 到 B+ 间电阻

根据解码仪所给的故障码，故障可能存在 OBC 的电源、搭铁、通信以及自身四个方面。首先用背插测量电压法进一步缩小故障范围，测量到 OBC 电源时电压只有 0.4 V 不正常，正常电压应该处于 11~14 V，故障范围在进一步缩小，用电阻法分段测

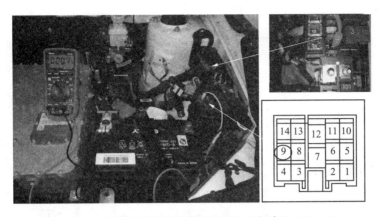

图 13-11　测量 EF20 输出端到 CA70/9 间电阻（0.1 Ω）

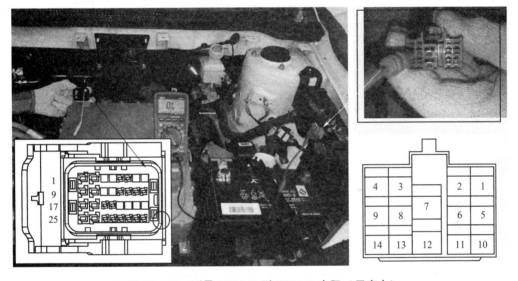

图 13-12　测量 EP01/9 到 EP66/8 电阻（无穷大）

量该线路中各个插接器、线路的连接情况，故障锁定在 EP01/9 到 EP66/8 线路上，为线路断路。

5. 该故障检测流程的进一步说明

根据电路图显示 EP66/8 到 EF20 为车载充电机的电源线，以上故障现象均为电源线断路造成，在测量电源线路时需注意 CA70 以及 EP01 插接器，进行分段测量后方可确定故障点存在，确定故障点如图 13-13 所示。

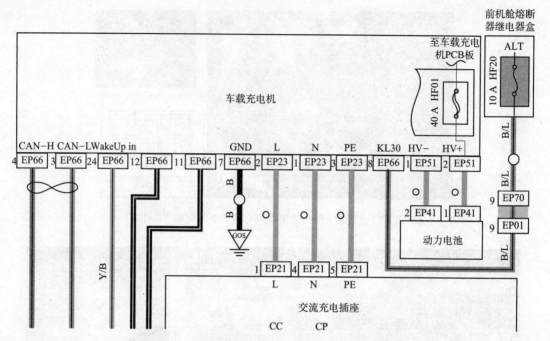

图 13-13 确定 EP66/8 到 EP01/9 线路断路故障点

咨讯内容记录

实测分析与数据补充

项目十四　OBC 模块 CAN–H 线断路引起高压无法上电

依据"READY 灯不亮，动力系统故障灯点亮，SOC 电量显示正常，高压不能上电"故障现象，分析电路图，掌握故障分析过程。

分析操作过程，查阅对应电路图，分析故障电路图、故障诊断流程。

该故障现象诊断流程设计、实施，以及故障排查思路整理。

故障分析过程

1. 故障现象

2017 款吉利帝豪 EV300，其故障现象为：READY 灯不亮，动力系统故障灯点亮，SOC 电量显示正常，高压不能上电。仪表现象如图 14–1 所示。

图 14–1　仪表现象

2. 模块通信状态及故障码检查

(1) 故障码文字描述。

车辆上电后,连接诊断仪,发现 VCU 报出车载充电机报文循环计数错误,进入到车载充电器模块,无法进入系统返回 VCU 模块读取数据流,读取到车载充电机的模式状态显示关闭,实际的输出电压比正常值略低。

(2) 故障诊断仪显示故障码如图 14-2、图 14-3 所示。

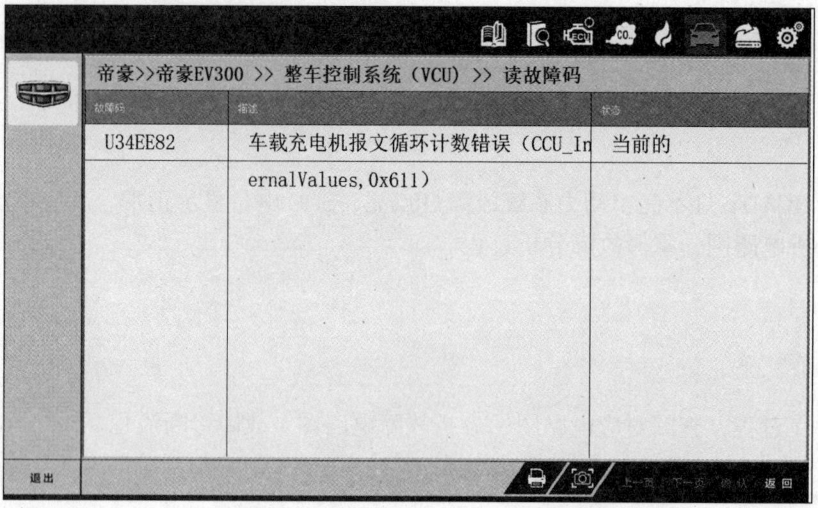

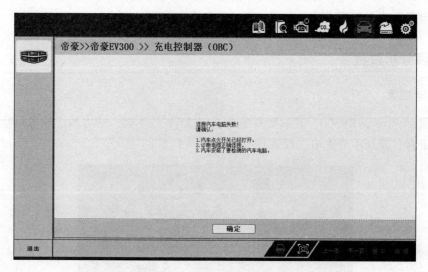

图 14-2 读取 VCU 系统故障码

图 14-3 读取 OBC 系统故障码

(3) 相关数据流文字描述。

当 CAN 线存在故障时,车载充电机的数据流报出的信息如 14-3 所示,其中车载充电机的模式状态及实际的输出电压与正常值不符。

（4）相关数据流故障诊断仪显示如图 14-4、图 14-5 所示。

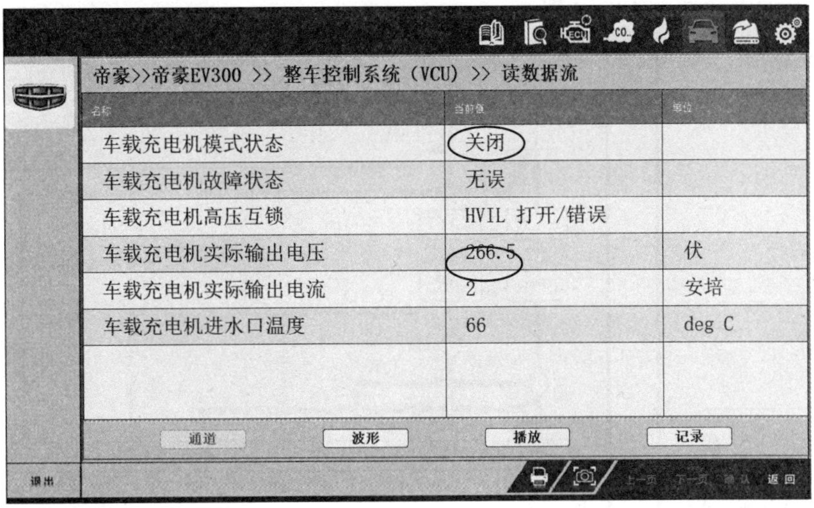

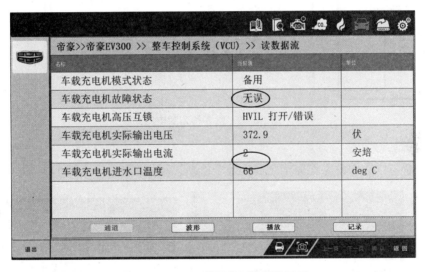

图 14-4 CAN 线故障时数据流显示

图 14-5 CAN 线正常时数据流显示

3. 确认故障范围

OBC 模块本身，CAN 线信号，相关线路及熔断器。

4. 检测流程

根据故障范围分步骤进行线路流程检测。

（1）检测分析。

根据故障现象及读取数据流显示，车载充电机的状态与正常状态不符，检测顺序依次是通信、供电、本身。

(2) 检测电路图。

需要检测的电路如图 14-6 所示。

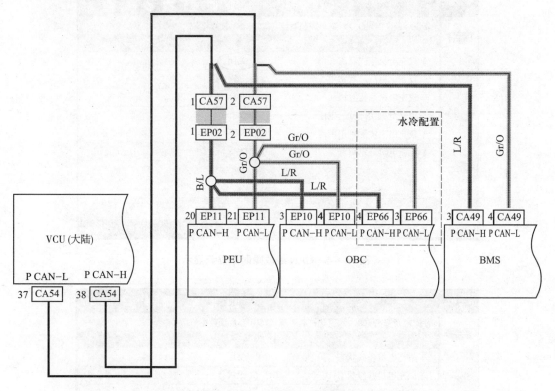

图 14-6 需要检测的电路

(3) 具体检测过程。

故障诊断与排除准备工作完毕之后，整个诊断过程如图 14-7~图 14-13 所示。

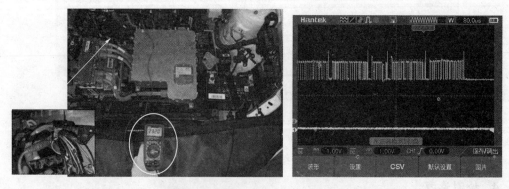

图 14-7 上电后背插测量 EP66/04 P CAN-H 电压（异常）

(图右为示波器波形图，CAN-H 波形异常)

5. 该故障检测流程的进一步说明

OBC 车载充电机的 CAN 信号故障出现后，通过数据流对车载充电机的信号检测显示，

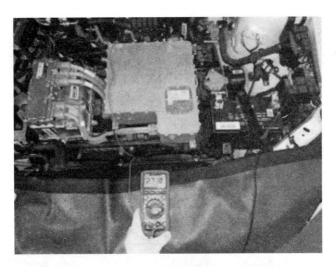

图 14-8 上电后背插测量 EP66/04 电压

图 14-9 车辆下电，断开低压电源负极

图 14-10 断开高压连接部件，静置 5 min

载充电机状态与正常状态不符，推断可能是 CAN 线故障，经过对 CAN 线检测后，确定为 CAN-H 线路出现断路故障，电路如图 14-14 所示，红色标注部分为断路部分。

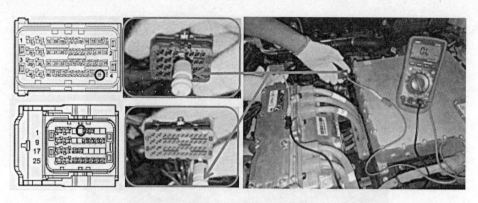

图 14-11 测量 EP66/4 到 CA54/38 间电阻（无穷大）

图 14-12 测量 CA54/38 到 CA57/1 号间电阻（0.1Ω）

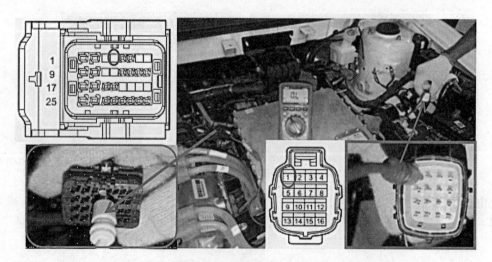

图 14-13 测量 EP66/4 到 EP02/1 间电阻（无穷大）

项目十四　OBC模块CAN-H线断路引起高压无法上电

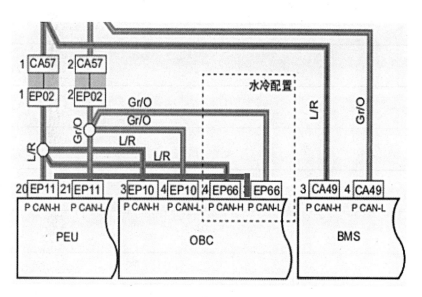

图 14-14　故障点所在图例

咨讯内容记录

实测分析与数据补充

项目十五　OBC模块唤醒线故障引起高压无法上电

依据"高压不能上电，READY灯不亮，动力系统故障灯点亮"故障现象，分析电路图，掌握故障分析过程。

实训操作过程，查阅对应电路图，分析故障电路、故障诊断流程。

该故障现象诊断流程设计、实施，以及该故障排查思路整理。

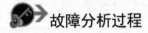

1. 故障现象

2017款吉利帝豪EV300，其故障现象为：高压不能上电，READY灯不亮，动力系统故障灯点亮。仪表现象如图15-1所示。

图15-1　仪表现象

2. 模块通信状态及故障码检查

（1）故障码文字描述。

VCU 显示车载充电机报文循环计数错误，OBC 车载充电机模块无法进入系统。

（2）故障诊断仪显示如图 15 - 2、图 15 - 3 所示。

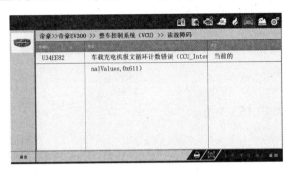

图 15 - 2　故障检测仪读取 VCU 故障码

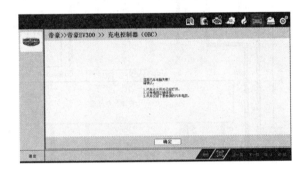

图 15 - 3　故障检测仪读取 OBC 故障码

（3）相关数据流文字描述。

当 OBC 模块的唤醒信号线出现故障时，能够通过数据流观察到唤醒信号线的故障同 CAN 线故障的差别，同样也可以观察出，当供电线故障时，唤醒信号线的数据流与电源线故障现象是一样的。

（4）相关数据流故障诊断仪显示如图 15 - 4 所示。

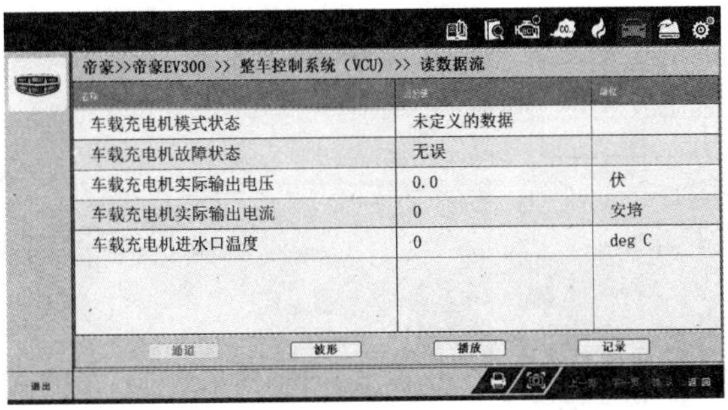

图 15 - 4　故障诊断仪显示数据流图

3. 确认故障范围

车载充电机本身、供电、唤醒、通信。

4. 检测流程

根据故障范围分步骤进行线路流程检测。

(1) 检测分析。

根据故障代码以及数据流大致锁定故障范围,主要在唤醒和供电两条支路上,首先针对这两条线路展开排查。

(2) 检测电路图。

需要检测的电路图如图 15-5 所示。

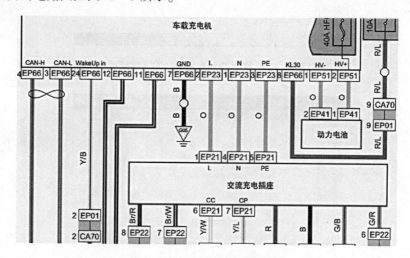

图 15-5 需要检测的电路图

(3) 具体检测过程。

故障诊断与排除准备工作完毕之后,整个诊断过程如图 15-6~图 15-9 所示。

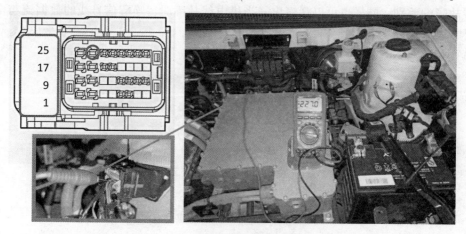

图 15-6 上电后背插测量 EP66/24 电压

项目十五　OBC模块唤醒线故障引起高压无法上电

图 15-7　车辆下电，断开低压电源负极

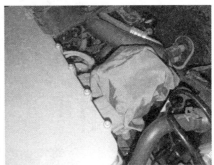

图 15-8　断开高压连接部件，静置 5 min

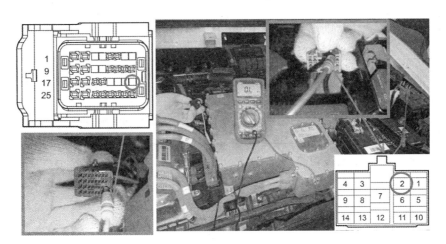

图 15-9　测量 EP66/24 号到 EP01/2 间电阻

OBC 唤醒线故障 诊断过程以及故障点确定

5. 该故障检测流程的进一步说明

由于车载充电机唤醒信号线作用为 CP 唤醒，在 L、N 工作的状态下，CP 唤醒线（EP66/24）作为充电信号，若 L、N 不工作，CP 信号线作为动力电池向外输出电压的信号线。根据线路分段测量结果，确定 EP66/24 唤醒信号线到 EP01/2 线之间电阻值无穷大，为线路断路故障，如图 15-10 所示。

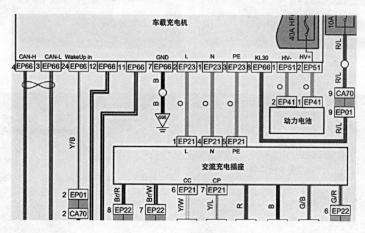

图 15-10 故障点存在

咨讯内容记录

实测分析与数据补充

项目十六　ACM 模块供电线路断路引起整车上电异常

依据"高压上电,车辆 READY,动力系统故障灯点亮,踩下制动踏板后,动力系统故障灯恢复正常"故障现象,分析电路图,掌握故障分析过程。

解码仪正确操作过程,查阅对应电路图,分析故障电路、确定故障诊断流程。

该故障现象诊断流程设计、实施,以及该故障排查思路整理。

故障分析过程

1. 故障现象

2017 款吉利帝豪 EV300,其故障现象为:高压上电,车辆 READY,动力系统故障灯点亮,踩下制动踏板后,动力系统故障灯恢复正常。故障现象如图 16-1、图 16-2 所示。

图 16-1　未踩下制动踏板时故障现象

图 16-2　踩下制动踏板后无故障现象

2. 模块通信状态及故障码检查

（1）故障码文字描述。

针对以上故障现象，在读取故障码时要分别从未踩制动踏板以及踩下制动踏板时，两种情况进行读码验证，未踩下制动踏板时 VCU 报 ACM 报文循环计数错误，ACM 无法进入系统；踩下制动踏板后，VCU 显示无故障码，ACM 模块可进入系统并且无相关故障码。

（2）故障诊断仪显示如图 16-3～图 16-6 所示。

未踩下制动踏板时 VCU 及 ACM 模块在诊断仪的显示状况如图 16-3、图 16-4 所示。

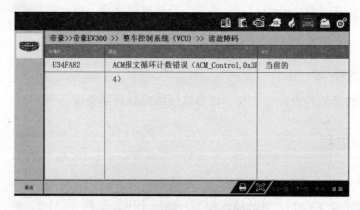

图 16-3　读取 VCU 系统故障码

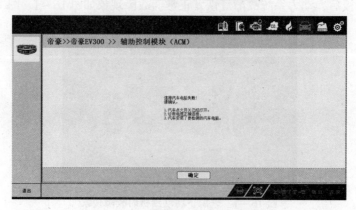

图 16-4　读取 ACM 系统故障码

踩下制动踏板后 VCU 及 ACM 模块在诊断仪的显示状况如图 16-5、图 16-6 所示。

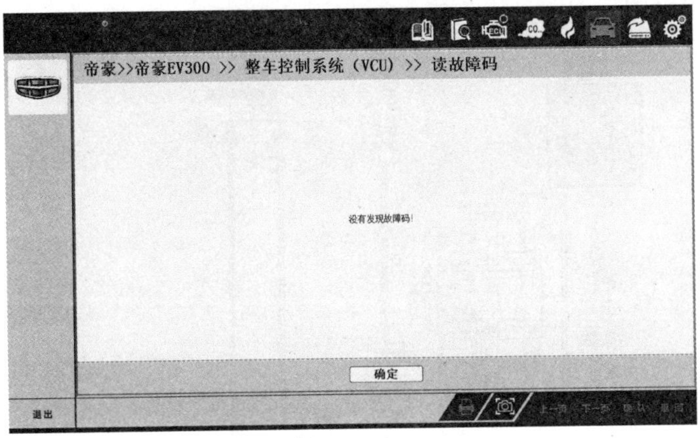

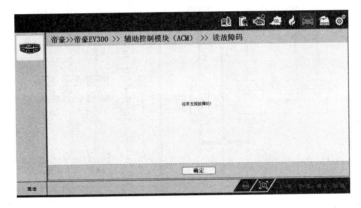

图 16-5 读取 VCU 系统故障码

图 16-6 读取 ACM 系统故障码

（3）相关数据流文字描述。

无法读取相关数据流。

（4）相关数据流故障诊断仪显示。

无。

3. 确认故障范围

ACM 模块供电、本身。

4. 检测流程

根据故障范围分步骤进行线路流程检测。

（1）检测分析。

根据踩下制动踏板后 ACM 模块的反应，可以进一步缩小故障范围，通过踩下制动踏板后 ACM 可以进入系统并且无故障码，此时可以确定 ACM 的电源被制动踏板的 IG1 供电线路代替，依据诊断仪显示情况，通信和搭铁也就处于正常状态，此时只需要针对 ACM 模块的两条电源线进行排查即可。

(2) 检测电路图。

需要检测的电路图如图16-7所示。

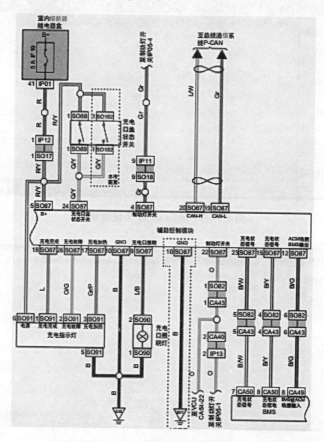

图16-7 需要检测的电路图

(3) 具体检测过程。

故障诊断与排除准备工作完毕之后，整个的诊断过程如图16-8~图16-14所示。

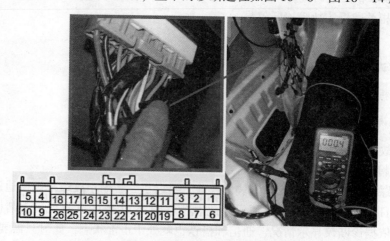

图16-8 上电后背插测量SO87/5到搭铁间电压

项目十六　ACM模块供电线路断路引起整车上电异常

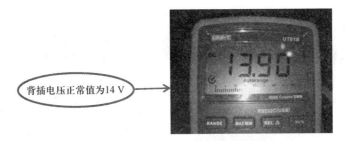

图 16-9　上电后背插测量 SO87/5 到搭铁间电压（13.9 V）

图 16-10　车辆下电，断开低压电源负极

 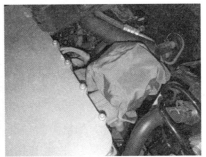

图 16-11　断开高压连接部件，静置 5 min

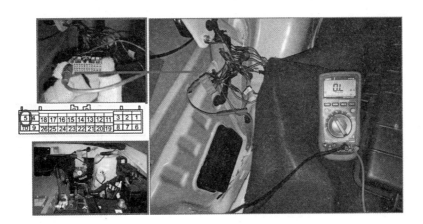

图 16-12　测量 SO87/5 到 B+ 间电阻

| 121 |

图 16-13 测量 B+ 输出到 IF19 输入端间电阻（0.0 Ω）

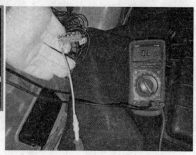

图 16-14 测量 IF19 输出端到 SO87/5 间电阻（无穷大）

根据解码仪以及踩下制动踏板后 ACM 模块的反应，可以进一步缩小故障范围，通过踩下制动踏板后 ACM 可以进入系统并且无故障码，表明 ACM 通信和搭铁处于正常状态，用背插测电压法测量 ACM 供电，电压显示不正常，断开高低压供电测量 B+ 与 SO87/5 间的电阻值，为无穷大断路状态，该线路中间涉及 IF19 熔断器，测量熔断器两端线路电阻以及熔断器本身电阻，测量结果为 IF19 熔断器到 SO85/5 脚之间电阻无穷大，为断路状态。

5. 该故障检测流程的进一步说明

上电后读取故障码、数据流，VCU 显示 ACM 报文循环计数错误，ACM 模块无法进入，无相关数据流，打开后备厢（充电口盖为关闭状态），背插 ACM 电源，导通；测得数值为无穷大，随后打开充电口盖，查看故障码，若能进入系统，则说明充电口盖无故障；若进不去系统，则继续排查充电口电源故障。当交流充电口盖为关闭状态时，SO87/5 为 ACM 辅助控制模块的供电电源，当充电口盖打开后，此时 ACM 拥有 2 个电源线，故障点如图 16-15 所示。

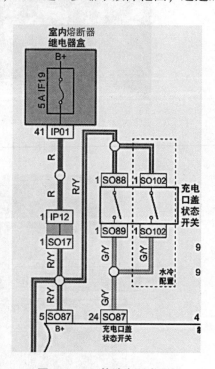

图 16-15 故障点所在图例

项目十六　ACM模块供电线路断路引起整车上电异常

咨讯内容记录

实测分析与数据补充

项目十七　ACM 模块通信线路断路引起整车上电异常

依据"高压上电后，动力系统故障灯点亮"故障现象，分析电路图，掌握故障分析过程。

解码仪正确操作过程，查阅对应电路图，分析故障电路图、故障诊断流程。

该故障现象诊断流程设计、实施以及该故障排查思路整理。

1. 故障现象

2017 款吉利帝豪 EV300，其故障现象为：高压上电后，动力系统故障灯点亮。仪表现象如图 17-1 所示。

图 17-1　仪表现象

2. 模块通信状态及故障码检查

（1）故障码文字描述。

VCU 显示 ACM 报文循环计数错误，ACM 模块无法进入系统。

（2）故障诊断仪显示如图 17-2、图 17-3 所示。

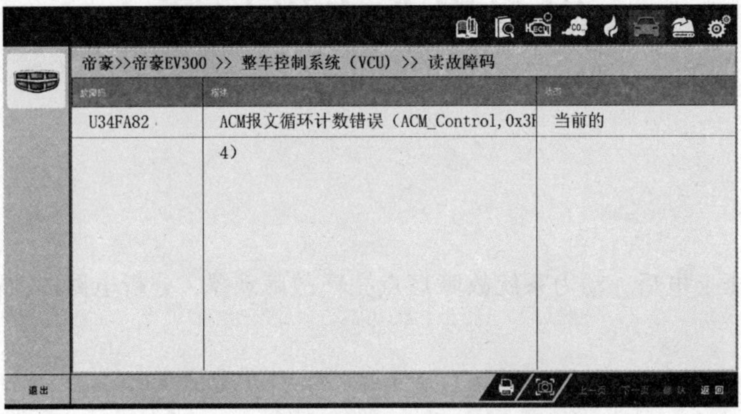

图 17-2 解码仪诊断 VCU 系统所报出的故障码

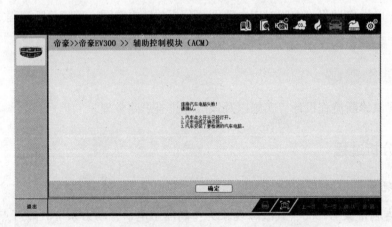

图 17-3 解码仪诊断 ACM 系统所报出的故障码

（3）相关数据流文字描述。

无相关数据流。

（4）相关数据流故障诊断仪显示图。

无。

3. 确认故障范围

ACM 电源供电、通信、搭铁、自身及相关熔断器。

4. 检测流程

根据故障范围分步骤进行线路流程检测。

项目十七 ACM模块通信线路断路引起整车上电异常

(1) 检测分析。

根据诊断仪报出的故障码及现象，查阅电路图后，将故障锁定在供电、通信、搭铁三条线路及相关元件上，在制动踏板正常工作的前提下，通过踩下制动踏板后观察仪表屏幕的反应可以排除ACM供电的故障，这样故障范围便被缩小到搭铁和通信以及元件本身三个模块上了。

(2) 检测电路图。

需要检测的电路图如图17-4所示。

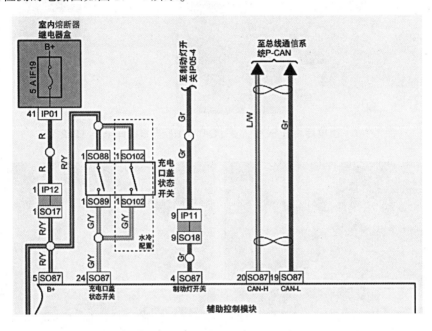

图17-4 需要检测的电路图

(3) 具体检测过程。

故障诊断与排除准备工作完毕之后，整个诊断过程如图17-5～图17-9所示。

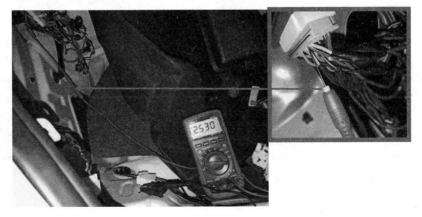

图17-5 上电后背插测量SO87/20（CAN-H）与搭铁间电压（正常值2.7V）

127

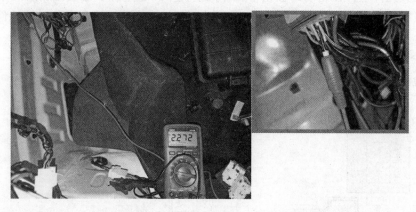

图17-6　上电后测量 SO87/19（CAN-L）与搭铁间电压（2.2 V）

图17-7　车辆下电，断开低压电源负极

 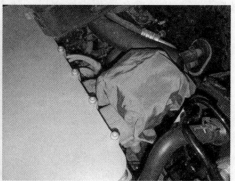

图17-8　断开高压连接部件，静置5 min

项目十七　ACM模块通信线路断路引起整车上电异常

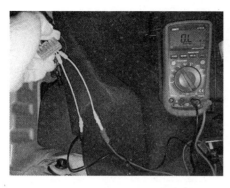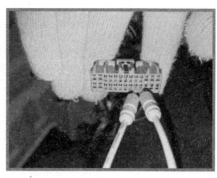

图 17-9　测量 SO87/19、20 终端电阻（无穷大）

根据解码仪以及仪表盘显示可将故障范围大致锁定在 ACM 搭铁通信以及自身上，通过背插测电压法测量电压，发现 ACM CAN 线电压存在异常，断开高低压供电，测量 CAN 线终端电阻，测量结果为无穷大，为 CAN 线断路故障。

5. 该故障检测流程的进一步说明

ACM CAN 线属于 B CAN 范围，中间涉及多个插接件以及 B CAN 模块，因为插接件的位置限制条件，测量电阻时存在一定难度且没有必要。因为在之前测量步骤中，通过背插电压值可以直接观察出 CAN-L 线为正常，在测量终端电阻时为无穷大，所以可以直接将故障推到 CAN-H 线上。

若以上故障都已排除，上车验证故障后，发现故障现象以及诊断仪显示情况仍然同 ACM 通信故障现象相同，则需将检测目标锁定到 ACM 搭铁线上，确定故障点，如图 17-10 所示。

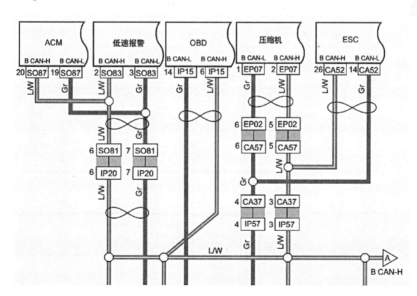

图 17-10　故障点所在图例

📝 咨询内容记录

实测分析与数据补充

项目十八　CC线路断路引起交流无法充电

依据"仪表充电时不亮,桩端无电流输出,充电指示灯不亮"故障现象,分析电路图,掌握故障分析过程。

解码仪正确操作过程,查阅对应电路图,分析故障电路、故障诊断流程。

该故障现象诊断流程设计、实施以及该故障排查思路整理。

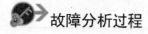

1. 故障现象

2017款吉利帝豪EV300,其故障现象为:仪表充电时不亮,桩端无电流输出,充电指示灯不亮。故障现象如图18-1、图18-2所示。

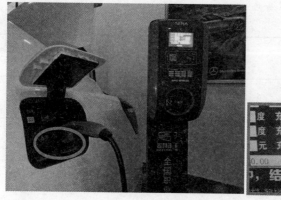

图18-1　充电指示灯不亮,充电电流约为0A

图18-2　车内仪表无充电提示

2. 模块通信状态及故障码检查

(1) 故障码文字描述。

因低压无法上电，VCU无法进入系统，无相关故障码，ACM模块报系统正常。

(2) 故障诊断仪显示如图18-3所示。

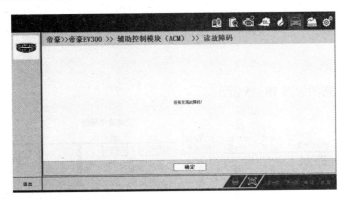

图18-3　读取ACM系统故障码

(3) 相关数据流文字描述。

ACM检测充电口CC信号未连接。

(4) 相关数据流故障诊断仪显示如图18-4所示。

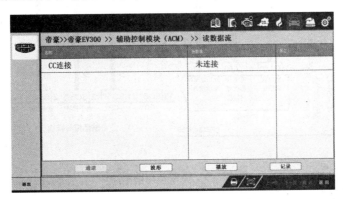

图18-4　ACM在充电时数据流信息

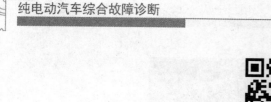

CC 故障现象及确定故障范围

3. 确认故障范围

桩端 CC、PE；车端交流充电口插座 CC、PE；SO87/CC 端线路。

4. 检测流程

根据故障范围分步骤进行线路流程检测。

(1) 检测分析。

根据故障现象及诊断仪数据流显示，大致将故障范围缩小在车端和桩端两个故障模块上，车端故障范围缩小在 CC 线路、CC 唤醒信号两条线路上，桩端故障范围缩小至 CC 与 PE 之间。

(2) 检测电路图。

需要检测的电路图如图 18-5 所示。

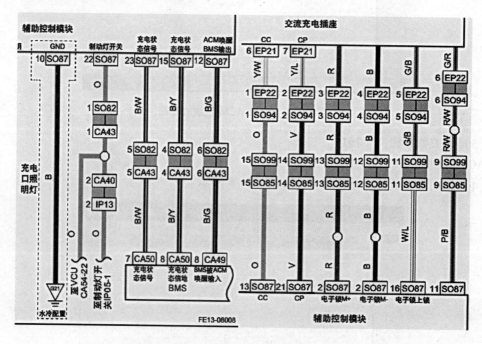

图 18-5 需要检测的电路图

(3) 具体检测过程。

故障诊断与排除准备工作完，整个诊断过程如图 18-6～图 18-13 所示。

项目十八　CC线路断路引起交流无法充电

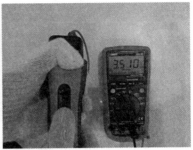

图 18-6　未按下充电枪锁止按钮时测量 CC 与 PE 间电阻，按下充电枪锁止按钮时测量 CC 与 PE 间电阻

图 18-7　测量车端 CC 与 PE 间电压（正常值为 5 V）

图 18-8　测量车端 CC 到外界搭铁间电压（正常值为 5 V）

图 18-9　车辆下电，断开低压电源负极

图18-10　断开高压连接部件，静置5 min

图18-11　测量车端CC到SO87/13间电阻（无穷大）

图18-12　测量SO99/15到车端交流充电口CC端电阻

图18-13　测量SO85/15到SO87/13间电阻

CC 故障诊断过程以及故障点确定

根据故障码以及数据流显示,可以将故障大致锁定在 CC 线路上,对充电枪体进行测量,发现充电枪本身没有故障,接下来对车辆进行测量,测量 CC 线路的电压,为 0 V 不正常。断开高电压供电,对 CC 相关线路进行测量,测量 CC 与 SO87/13 间电阻为无穷大,说明该线路中存在断点故障。进行分段测量,测量 SO99/15 到车端交流充电口 CC 端电阻为 0 Ω,说明改线路正常。测量 SO85/15 到 SO87/13 电阻为无穷大,说明该线路存在故障,为线路断路故障。

5. 该故障检测流程的进一步说明

根据充电时故障现象以及充电后的数据流显示,CC 连接故障涉及两个方面:桩端、车端,测量桩端时需注意枪端锁止按钮在按下与未按下的电阻值,交流充电口 CC 端与 PE 测量完毕后,要单独将 CC 端引出到外界搭铁测量,以确保车端 PE 无故障或不受 PE 故障的干扰,以免造成对故障结论的误判。

CC 连接故障排除后,ACM 将可以向 BMS 进行唤醒输入,进行充电验证时故障现象依旧,则进行 CC 唤醒线路故障排除,排除过程中注意线路当中涉及的插接器(SO82/CA43),在确定故障点时需要进行分段测量确定故障点(见图 18 - 14)。

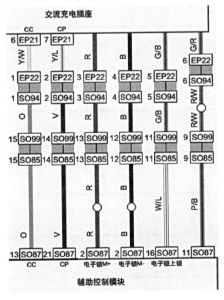

图 18 - 14 故障点所在图例

咨讯内容记录

实测分析与数据补充

项目十九 CP线路断路引起交流无法充电

依据"仪表正常点亮,桩端无法刷卡,充电指示灯不亮"故障现象,分析电路图,掌握故障分析过程。

解码仪正确操作过程,查阅对应电路图,分析故障电路图、故障诊断流程。

该故障现象诊断流程设计、实施以及该故障排查思路整理。

 故障分析过程

1. 故障现象

2017款吉利帝豪EV300,其故障现象为:仪表正常点亮,桩端无法刷卡,充电指示灯不亮。故障现象如图19-1、图19-2所示。

图19-1 故障现象

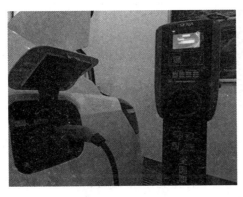

图 19-2　充电桩故障现象

2. 模块通信状态及故障码检查

（1）故障码文字描述。

无相关故障码。

（2）故障诊断仪显示如图 19-3 所示。

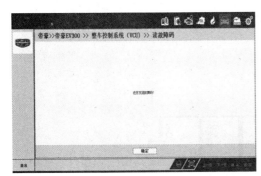
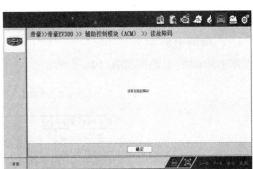

图 19-3　分别读取 VCU 故障码图、ACM 故障码

（3）相关数据流文字描述。

ACM 检测充电口 CC 信号已连接，CP 信号未连接。

（4）相关数据流故障诊断仪显示如图 19-4 所示。

图 19-4　故障诊断仪显示数据流

CP 故障现象及确定故障范围

3. 确认故障范围

桩端 CP、PE；车端交流充电口插座 CP、PE；SO87/CP 端线路。

4. 检测流程

根据故障范围分步骤进行线路流程检测。

（1）检测分析。

根据故障现象以及诊断仪数据流显示情况，故障范围缩小至 CP 信号线路上，在插入充电枪时，车端仪表屏幕显示充电连接状态，相继读取数据流的同时观察到 ACM 及 BMS 报出的 CC 信号已连接、CP 信号未连接的数据，由此便可以确定故障范围为 CP 信号线路故障。

（2）检测电路图。

需要检测的电路图如图 19-5 所示。

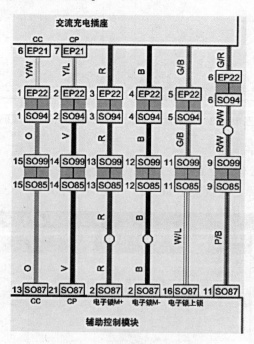

图 19-5 需要检测的电路图

（3）具体检测过程。

故障诊断与排除准备工作完毕之后，整个诊断过程如图 19-6~图 19-11 所示。

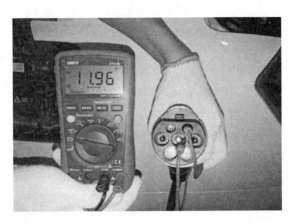

图 19-6 测量桩端 CP 与 PE 间电压（正常为 12 V）

图 19-7 车辆下电，断开低压电源负极

图 19-8 断开高压连接部件，静置 5 min

图 19-9 测量 SO87/21 到车端 CP 间电阻（正常为 0.1 Ω）

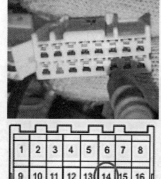

图 19-10 测量 SO99/14 到车端 CP 间电阻

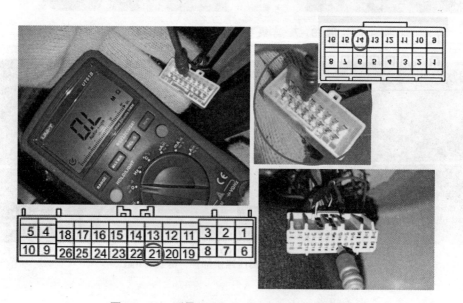

图 19-11 测量 SO85/14 到 SO87/21 间电阻

CP 故障诊断过程以及故障点确定

根据故障码以及数据流显示可以判断 CC 信号线没有出现故障，CP 充电确认线显示未连接，此时将故障范围锁定在 CP 信号线上，断开高低压供电测量 SO87/21 到 CP 端间的电阻，结果为无穷大，分段测量，测量 SO85/14 线段到 SO87/21 间电阻时，电阻无穷大，为线路断路故障。

5. 该故障检测流程的进一步说明

CP 为连接确认线，此故障主要根据故障现象以及数据流进行排查，在排查期间着重注意充电桩是否能够正常刷卡，无法正常刷卡则说明 CP 无法确认充电信号，需从桩端 CP 以及车端 CP 两个方面展开排查，故障点如图 19-12 所示。

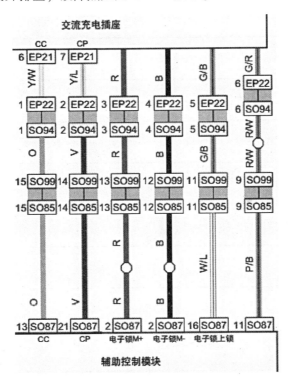

图 19-12 故障点所在图例

咨讯内容记录

实测分析与数据补充

项目二十　ER14 硬线唤醒线路断路引起交流无法充电

依据"仪表正常点亮，充电桩无电流输出，车端充电指示灯绿色闪烁 4 下，红灯常亮"故障现象，分析电路图，掌握故障分析过程。

解码仪正确操作过程，查阅对应电路图，分析故障电路图、故障诊断流程。

该故障现象诊断流程设计、实施，以及该故障排查思路整理。

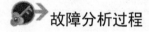 故障分析过程

1. 故障现象

2017 款吉利帝豪 EV300，其故障现象为：仪表正常点亮，充电桩无电流输出，车端充电指示灯绿色闪烁 4 下，红灯常亮。故障现象如图 20 – 1 所示。

图 20 – 1　充电指示灯在绿色状态下连续闪烁 4 下后，变为红色常亮

2. 模块通信状态及故障码检查

（1）故障码文字描述。

诊断仪 VCU 报充电过程中 BMS 状态既非充电也非结束充电。

（2）故障诊断仪显示如图 20-2 所示。

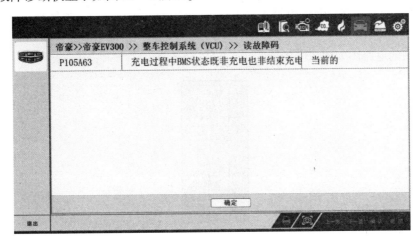

图 20-2　故障诊断仪显示

（3）相关数据流文字描述。

根据数据流显示 BMS 经过 CC 连接后已经被唤醒，此时 CP 信号处于正常状态，被 ACM 以及 BMS 检测到充电确认信号，硬线唤醒时 DC/DC 状态无法向外输出信号导致无法进入使能状态。

（4）相关数据流故障诊断仪显示如图 20-3 所示。

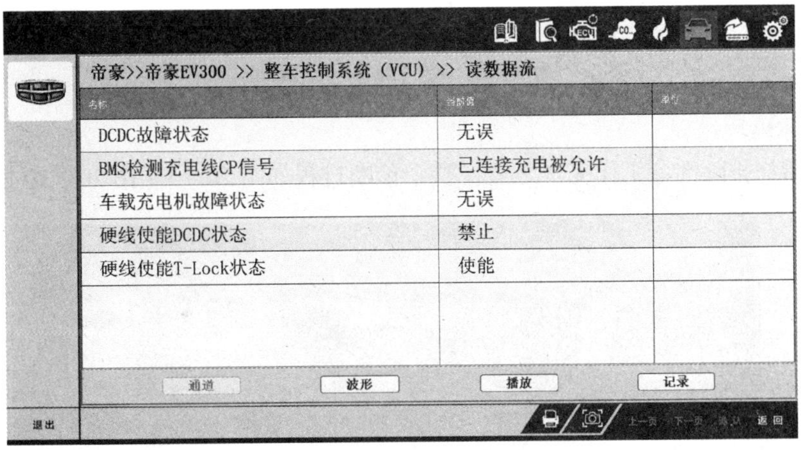

图 20-3　故障诊断仪显示数据流

3. 确认故障范围

PEU 的 DC/DC 模块唤醒线路。

4. 检测流程

根据故障范围分步骤进行线路流程检测。

(1) 检测分析。

根据故障现象以及数据流可以判断 CC 以及 CP 线路无故障,可以将故障范围缩小到 PEU 的 DC/DC 唤醒线路以及继电器本身上。

(2) 检测电路图。

需要检测的电路图如图 20 - 4 所示。

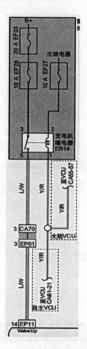

图 20 - 4 需要检测的电路图

(3) 具体检测过程。

故障诊断与排除准备工作完毕之后,整个诊断过程如图 20 - 5 ~ 图 20 - 10 所示。

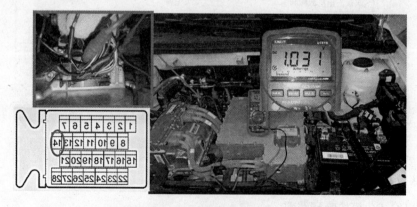

图 20 - 5 上电后测量 EP11/14 到搭铁间电压(正常电压为 12 V)

项目二十　ER14硬线唤醒线路断路引起交流无法充电

图20-6　车辆下电，断开低压电源负极

图20-7　断开高压连接部件，静置5 min

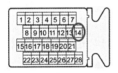

图20-8　测量EP11/14到ER14/5间电阻（无穷大）

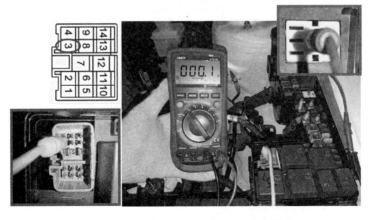

图20-9　测量ER14/5到CA70/3间电阻

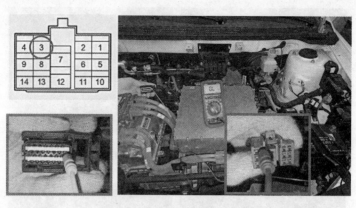

图 20-10　测量 EP01/3 到 EP11/14 间电阻（无穷大）

根据故障码以及数据流判断 CC 与 CP 线无故障，显示已连接，报出 DC/DC 唤醒故障，背插测量电压值，电压不正常，证明该线路存在故障。断开高低压供电后，测量该线路通断情况 EP01/3 到节点 EP11/14 线路间电阻无穷大，为线路断路故障。

5. 该故障检测流程的进一步说明

针对上述现象，仅为 ER14 充电机继电器唤醒线路。在充电唤醒过程中，DC/DC 模块未被唤醒，导致该模块无法正常工作。最终亮红灯，电路图如图 20-11 所示。

注意：DC/DC 模块工作状态唤醒有两种：一种是 ER14 充电机继电器线路唤醒，使其由待工作状态转变为工作状态，称为硬线唤醒；另一种是高压上电唤醒，高压上电状态下，使 DC/DC 模块由待唤醒状态转变为工作状态，称为高压唤醒。

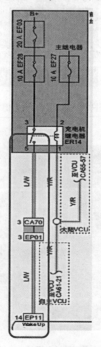

图 20-11　故障点所在图例

咨讯内容记录

实测分析与数据补充

项目二十一　ACM 模块通信线路断路、DC/DC 模块唤醒线路断路引起交流无法充电

依据"高压上电后动力系统故障灯点亮"故障现象，分析电路图，掌握故障分析过程。

解码仪正确操作过程，查阅对应电路图，分析故障电路图、故障诊断流程。

该故障现象诊断流程设计、实施以及该故障排查思路整理。

故障分析过程

1. 故障现象

2017 款吉利帝豪 EV300，其故障现象为：高压上电后动力系统故障灯点亮。仪表现象如图 21-1 所示。

图 21-1　仪表现象

2. 模块通信状态及故障码检查

(1) 故障码文字描述。

VCU 显示 ACM 报文循环计数错误，ACM 模块无法进入系统。

(2) 故障诊断仪显示如图 21-2、图 21-3 所示。

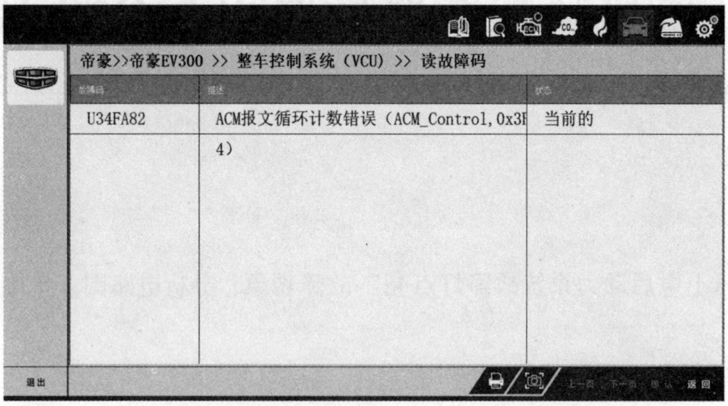

图 21-2　故障诊断仪读取 VCU 系统故障码

图 21-3　故障诊断仪读取 ACM 系统故障码

(3) 相关数据流文字描述。

无相关数据流。

(4) 相关数据流故障诊断仪显示图。

无。

3. 确认故障范围

ACM 电源、通信、搭铁、自身及相关熔断器。

4. 检测流程

根据故障范围分步骤进行线路流程检测。

(1) 检测分析。

根据诊断仪报出的故障码及现象，查阅电路图后，将故障锁定在供电、通信、搭铁三条线路及相关元件上，本故障以通信故障为例，在制动踏板正常工作的前提下，通过踩下制动踏板后观察仪表屏幕的反应可以排除 ACM 供电的故障，这样故障范围便被缩小在搭铁和通信以及元件本身三个模块上了。

（2）检测电路图。

需要检测的电路图如图 21-4 所示。

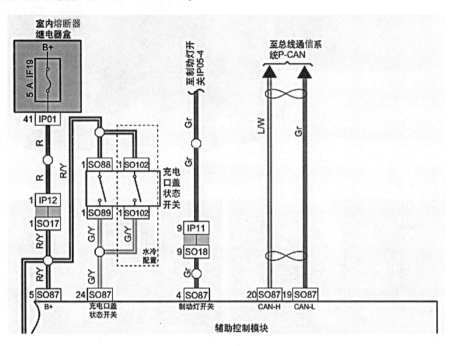

图 21-4 需要检测的电路图

（3）具体检测过程。

故障诊断与排除准备工作完毕之后，整个诊断过程如图 21-5～图 21-10 所示。

图 21-5 上电后背插测 SO87/20（CAN-H）与搭铁间电压（正常值 2.7 V）

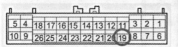
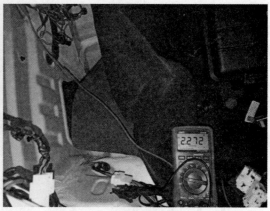

图 21-6　上电后测量 SO87/19 与搭铁间电压

图 21-7　车辆下电，断开低压电源负极

图 21-8　断开高压连接部件，静置 5 min

项目二十一　ACM模块通信线路断路、DC/DC模块唤醒线路断路引起交流无法充电

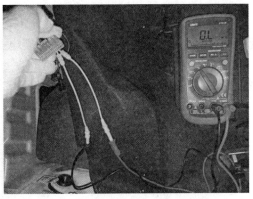

图 21-9　测量 SO87/19 与 SO87/20 终端电阻

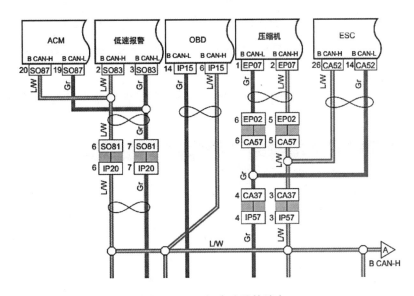

图 21-10　初步确认故障点

5. 该故障检测流程的进一步说明

ACM 模块 CAN 线属于 B-CAN 范围，中间涉及多个插接件以及 B-CAN 模块，因为插接件的位置限制条件，测量电阻时存在一定难度且没有必要。因为在之前测量步骤中，通过背插电压值可以直接观察出 CAN-L 线为正常，在测量终端电阻时为无穷大，所以可以直接将故障推到 CAN-H 线。

若上述故障排除完毕，在后续的充电过程中，则可能出现如下综合故障。

（1）高压上电、验证、清码确定 ACM 无故障之后。

通过充电桩进行充电，则会出现两种状况：一种是能正常充电，充电指示灯为绿色闪烁；另一种是充电指示灯为红色，无法充电。

若充电指示灯为绿色闪烁，则说明 DC/DC 模块在高压上电、验证、清码过程中被高压上电状态唤醒，导致 DC/DC 模块由待唤醒状态转换成工作状态，此时无故障码，但仍有隐

形故障存在，不排除 DC/DC 模块的硬线唤醒线路故障。

若清码、整车下电之后，隔一段时间再进行充电，DC/DC 模块由工作状态转变成待唤醒状态，因无唤醒状态信号输入 DC/DC 模块，充电指示灯最终显示为红色，具体分析如下：

①故障现象图（见图 21-11）。

图 21-11　充电指示灯在绿色状态下连续闪烁 4 下后，变为红色常亮

②模块通信状态及故障码检查。

诊断仪 VCU 报充电过程中 BMS 状态既非充电也非结束充电，故障诊断仪显示如图 21-12 所示。

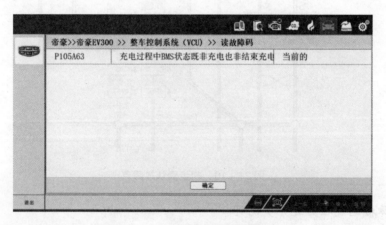

图 21-12　故障诊断仪显示图例

根据数据流显示 BMS 经过 CC 连接后已经被唤醒，此时 CP 信号处于正常状态，被 ACM 以及 BMS 检测到充电确认信号，硬线唤醒时 DC/DC 状态无法向外输出信号导致无法进入使能状态，相关数据流故障诊断仪显示如图 21-13 所示。

③确认故障范围。

PEU 的 DC/DC 模块硬线唤醒线路。

④检测流程。

根据故障范围分步骤进行线路流程检测。

根据故障现象以及数据流可以判断 CC 以及 CP 线路无故障，可以将故障范围缩小在 PEU 的 DC/DC 唤醒线路以及继电器本身上。需要检测的电路图如图 21-14 所示。

项目二十一 ACM模块通信线路断路、DC/DC模块唤醒线路断路引起交流无法充电

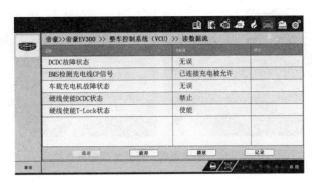

图21-13 VCU数据流故障诊断仪显示

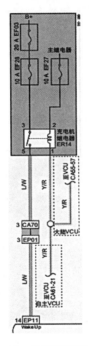

图21-14 需要检测的电路图

故障诊断与排除准备工作完毕之后，整个诊断过程如图21-15~图21-20所示。

图21-15 上电后测量EP11/14到搭铁间电压（正常电压为12 V）

图 21-16 车辆下电,断开低压电源负极

图 21-17 断开高压连接部件,静置 5 min

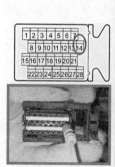

图 21-18 测量 EP11/14 到 ER14/5 间电阻(无穷大)

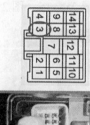

图 21-19 测量 ER14/5 到 CA70/3 间电阻

项目二十一　ACM模块通信线路断路、DC/DC模块唤醒线路断路引起交流无法充电

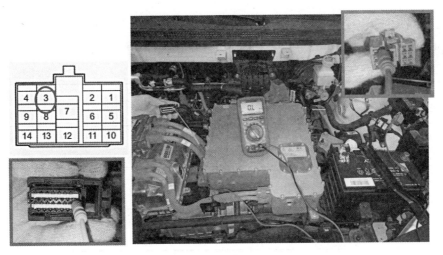

图 21-20　测量 EP01/3 到 EP11/14 间电阻（无穷大）

（2）确定 ACM 无故障之后，未进行高压上电以及读码、清码。

这种状态下，DC/DC 模块均未被高压上电状态、硬线唤醒状态唤醒，此时连接充电枪后（不用隔一段时间），充电指示灯绿色闪烁 4 下变为红色，说明 DC/DC 模块硬线唤醒线路存在故障，诊断流程及步骤与上述同一类型现象相同，故障点如图 21-21 所示。

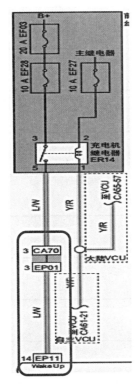

图 21-21　故障点所在图例

咨讯内容记录

实测分析与数据补充

项目二十二　高压互锁线路断路引起整车无法上电

依据"READY 灯不亮，动力系统故障灯点亮"故障现象，分析电路图，掌握故障分析过程。

解码仪正确操作过程，查阅对应电路图，分析故障电路图、故障诊断流程。

该故障现象诊断流程设计、实施，以及该故障排查思路整理。

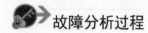

1. 故障现象

2017 款吉利帝豪 EV300，其故障现象为：READY 灯不亮，动力系统故障灯点亮。仪表现象如图 22 - 1 所示。

图 22 - 1　仪表现象

2. 模块通信状态及故障码检查

(1) 故障码文字描述。

VCU 报 P0A0A11 高压互锁断开。

(2) 故障诊断仪显示如图 22-2 所示。

图 22-2 故障诊断仪显示

(3) 相关数据流文字描述。

无相关数据流。

(4) 相关数据流故障诊断仪显示图。

无相关数据流图。

3. 确认故障范围

高压互锁环形线路。

高压互锁断路故障现象及确定故障范围

4. 检测流程

根据故障范围分步骤进行线路流程检测。

(1) 检测分析。

根据故障现象以及故障代码显示,可以将故障大致锁定在高压互锁环形线路当中的某一节点处,按照高压互锁的输出输入依次进行排查。

(2) 检测路线图。

需要检测的电路图如图 22-3 所示。

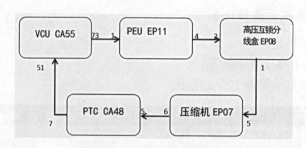

图 22-3 需要检测的电路图

(3) 具体检测过程。

故障诊断与排除准备工作完毕之后,整个诊断过程如图 22-4~图 22-14 所示。

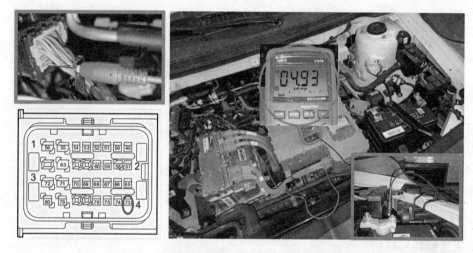

图 22-4 上电后背插测量 CA55/73 高压互锁输出端电压

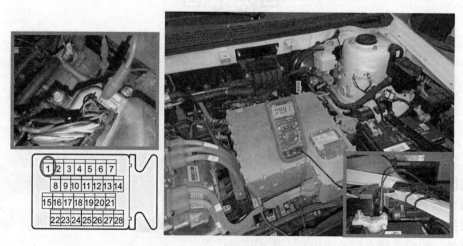

图 22-5 上电后背插测量 EP11/1 高压互锁输入端电压(正常值为 0 V)

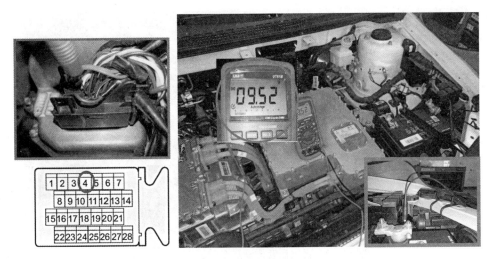

图 22-6　上电后背插测量 EP11/4 输出端电压

高压互锁断路诊断过程以及故障点确定

由于 EP08 高压互锁分线盒的输入输出，压缩机 EP07 的输入输出，位置特殊不方便进行测量，此处忽略测量步骤。

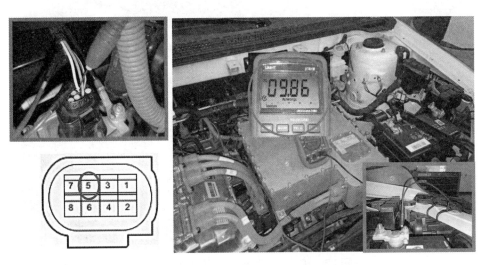

图 22-7　上电后背插测量 CA58/5 输入端电压

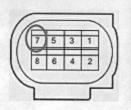

图22-8　上电后背插测量CA48/7输出端电压

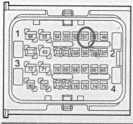

图22-9　上电后背插测量CA55/51输入端电压

图22-10　车辆下电,断开低压电源负极

图 22-11　断开高压连接部件，静置 5 min

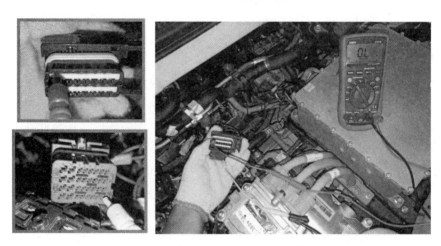

图 22-12　测量 CA55/73 输出端到 EP11/1 输入端间电阻

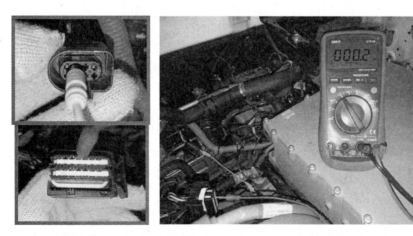

图 22-13　测量 EP11/4 输出端到 CA48/5 输入端间电阻（0.2 Ω）

图 22-14　测量 CA48/7 输出端到 CA55/51 输入端间电阻

5. 该故障检测流程的进一步说明

关于高压互锁故障检测，从输出到输入依次进行，EV300 高压互锁涉及 VCU CA55、PEU EP11、高压互锁分线盒 EP08、压缩机 EP07、PTC CA48，此故障在检测过程中检测到 VCU 输出端为正常，PEU 的输入电压值明显高于正常值，因为环形结构至此往后涉及的三个模块电压均不正常，需一一断开模块后依次测量输入、输出端的电阻值来确定故障点，如图 22-15 所示。

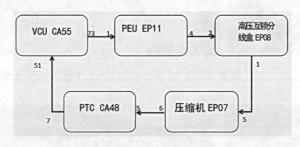

图 22-15　故障点所在图例

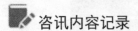

咨讯内容记录

实测分析与数据补充

项目二十三　线路熔断器故障引起空调无制冷、制热

依据"打开 A/C 空调之后无制冷、制热"故障现象，分析电路图，掌握故障分析过程。

解码仪正确操作过程，查阅对应电路图，分析故障电路图、故障诊断流程。

该故障现象诊断流程设计、实施，以及该故障排查思路整理。

1. 故障现象

2017 款吉利帝豪 EV300，其故障现象为：打开 A/C 空调之后无制冷、制热。故障现象如图 23-1 所示。

图 23-1　体感为自然风

2. 模块通信状态及故障码检查

(1) 故障码文字描述。

P100811 高速风扇 VCU 控制的信号对地开路或短路；

P100911 低速风扇 VCU 控制的信号对地开路或短路；

查阅电路图册，首先将故障范围缩定在 ER13 热管理继电器，ER18 唤醒继电器元件及线路，EF27 输入端到 B+线路及继电器元件，EF27 输出端到执行元件低速、高速元件及线路上。

(2) 故障诊断仪显示如图 23-2 所示。

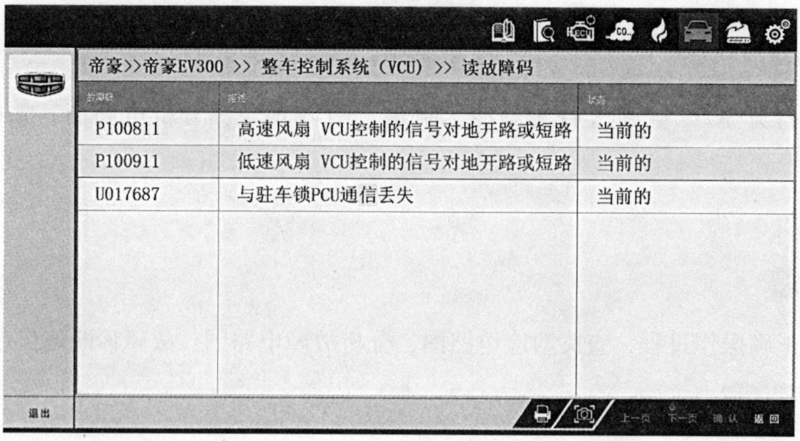

图 23-2 故障诊断仪显示

(3) 相关数据流文字描述。

从数据流上分析，将 A/C 空调处于"打开"状态时，压缩机功率并无消耗，工作状态也处于"关闭"状态；PTC 制热模块在打开的过程中，数据流显示其实际功率也并无消耗。所以导致高速、低速风扇无法正常工作，空调并无制冷、制热现象。

(4) 相关数据流故障诊断仪显示如图 23-3 所示。

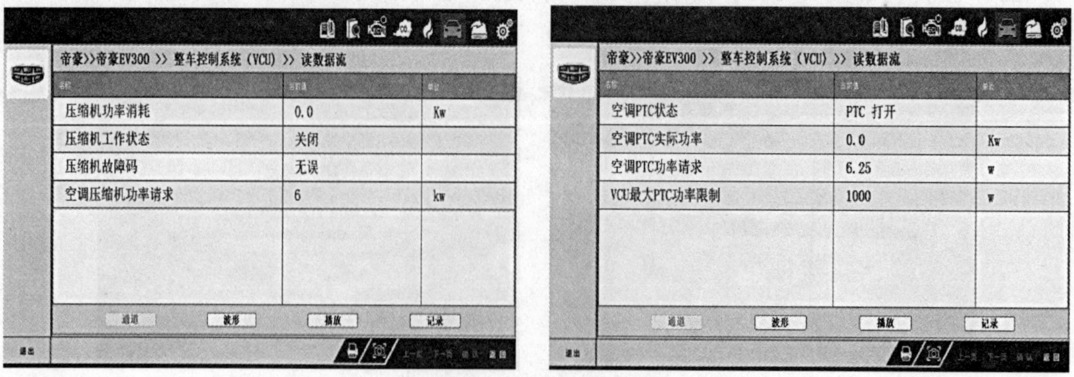

图 23-3 故障诊断仪显示

3. 确认故障范围

A/C 空调线路、熔断器、继电器及本身。

4. 检测流程

根据故障范围分步骤进行线路流程检测。

（1）检测步骤。

根据故障码显示，排除 EF27 的输入端到 ER20 输出端及 ER20 本身故障，因故障现象是无制冷、制热。针对 ER13 继电器本身及相关熔断器，首先测量 ER13 继电器及相关线路熔断器，随后测量 EF27 输出端以后的线路以及对熔断器本身、相关继电器进行排查。

（2）检测电路图。

需要检测的电路图如图 23-4 所示。

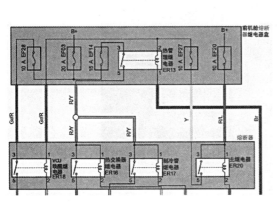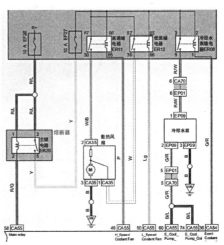

图 23-4 需要检测的电路图

（3）具体检测过程。

故障诊断与排除准备工作完毕之后，整个诊断过程如图 23-5～图 23-17 所示。

图 23-5 车辆下电，断开低压电源负极

图23-6　断开高压连接部件，静置5 min

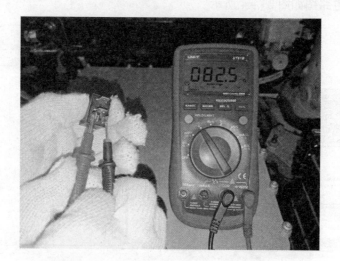

图23-7　静态测试 ER13 继电器本身电阻

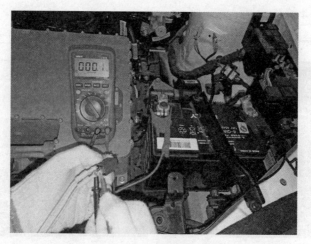

图23-8　动态测试 ER13 继电器本身电阻（0.1 Ω）

项目二十三　线路熔断器故障引起空调无制冷、制热

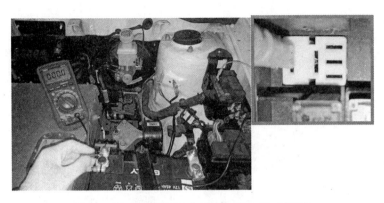

图 23-9　测量 ER13/3 到 B+ 间电阻（导通）

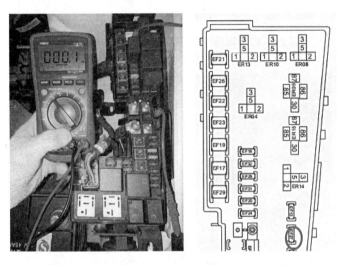

图 23-10　测量 EF27 输出端到 ER13/2 间电阻

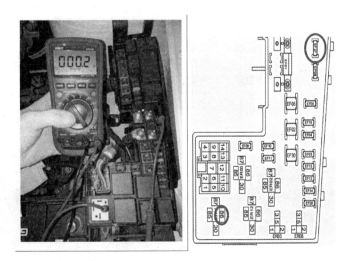

图 23-11　测量 EF27 输出端到 ER11/86 间电阻

179

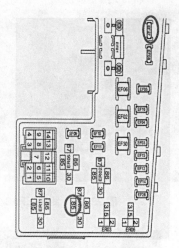

图 23-12　测量 EF27 输出端到 ER12/85 间电阻

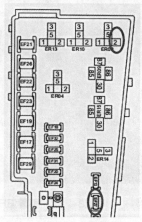

图 23-13　测量 EF27 输出端到 ER08/2 间电阻

图 23-14　测量 EF27 输出端到 ER18/1 间电阻

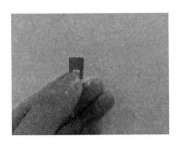  

图 23-15　目测 EF27 熔断器　　　图 23-16　使用万用表校准　　　图 23-17　测量 EF27 熔断器（异常）

5. 该故障检测流程的进一步说明

此故障为无制冷、制热故障，主要围绕 ER13 继电器展开，ER13 涉及两个熔断器，分别是 EF14 和 EF27，以这两个熔断器为线索，进行依次测量。在测量过程当中，ER13/3 到 B+ 正常导通，EF27 到各执行继电器线路正常，最后排查 EF27 熔断器本身时熔断器出现故障，确定故障点如图 23-18 所示。

图 23-18　确定故障点

咨讯内容记录

实测分析与数据补充

项目二十四　PTC模块供电线路断路引起A/C自动空调制冷不制热

依据"车辆上电READY时,打开A/C空调,将挡位调制制热,一段时间后发现空调并无制热现象,体感为自然风;将挡位切换至制冷时有制冷现象"故障现象,分析电路图,掌握故障分析过程。

查阅空调对应电路图,分析故障电路、故障诊断流程。

空调制冷不制热故障分析、诊断实施。

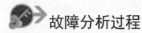

1. 故障现象

2017款吉利帝豪EV300,其故障现象为:车辆上电READY时,打开A/C空调,将挡位调制制热,一段时间后发现空调并无制热现象,体感为自然风;将挡位切换至制冷时有制冷现象。故障现象如图24-1、图24-2所示。

图24-1　热风时体感为自然风

图24-2　冷风时体感为冷风

2. 模块通信状态及故障码检查

(1) 故障码文字描述。

无相关故障码。

(2) 故障诊断仪显示图。

故障诊断仪显示的故障现象如图 24-3 所示。

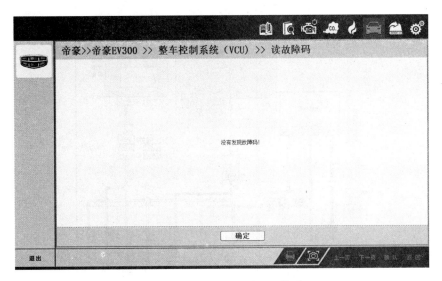

图 24-3　整车控制系统相关故障码

(3) 相关数据流文字描述。

无相关数据流。

(4) 相关数据流故障诊断仪显示图。

无相关故障码。

3. 确认故障范围

PTC 本身及 PTC 线路。

4. 检测流程

根据故障范围分步骤进行线路流程检测。

(1) 检测步骤。

根据故障现象以及故障码显示，因无关于 ER13 及相关熔断器的故障代码，且根据故障现象确定空调制冷模式正常，查阅电路图后发现 PTC 属于 VCU 通信之后的执行元件，所以首先针对 PTC 供电进行排查测量。

(2) 检测电路图。

需要检测的电路图如图 24-4 所示。

(3) 具体检测过程。

故障诊断与排除准备工作完毕之后，整个诊断过程如图 24-5 ~ 图 24-8 所示。

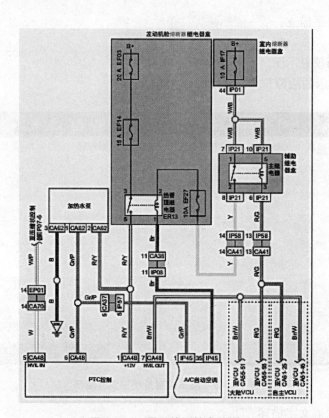

图 24-4 需要检测的电路图

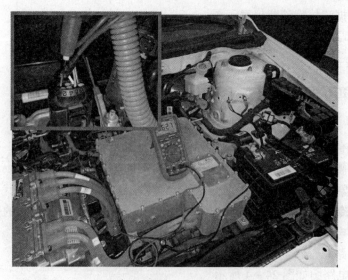

图 24-5 上电后背插测量 CA45/1 到电源负极间电压

项目二十四　PTC模块供电线路断路引起A/C自动空调制冷不制热

图24-6　车辆下电，断开低压电源负极

图24-7　断开高压连接部件，静置5 min

图24-8　测量CA48/1到ER13/5间电阻值为无穷大（正常为0.1 Ω）

5. 该故障检测流程的进一步说明

此故障特点在于无动力系统故障码，但数据流显示实际功率处于异常状态，必须结合ER13及其相关熔断器的故障码呈现进行区分。根据故障现象，空调制冷模式正常，制冷数据流处于正常工作状态，说明ER13热管理继电器及相关熔断器工作正常，主要针对PTC加热模块进行检测，如图24-9所示。

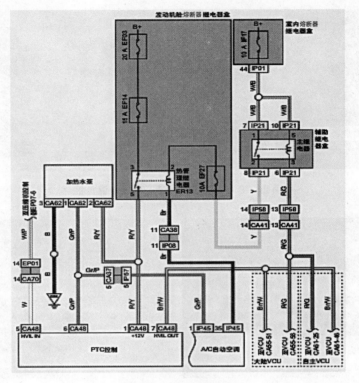

图 24-9 故障点存在

PTC 模块供电线路断路引起 AC 自动空调制冷不制热

咨讯内容记录

实测分析与数据补充

项目二十五　制动系统线路故障引起车辆无法行驶

依据"高压不能上电,踩下制动踏板后,制动灯不亮,仪表无故障指示灯"故障现象,分析电路图,掌握故障分析过程。

查阅对应电路图,分析故障电路图、故障诊断流程图。

理解并且分析引起制动灯不亮的原因。

 故障分析过程

1. 故障现象

2017 款吉利帝豪 EV300,其故障现象为:高压不能上电,踩下制动踏板后,制动灯不亮,仪表无故障指示灯。故障现象如图 25 – 1 ~ 图 25 – 3 所示。

图 25 – 1　仪表显示异常　　　图 25 – 2　踩下制动踏板　　　图 25 – 3　制动灯不亮

2. 模块通信状态及故障码检查

（1）故障码文字描述。

无相关故障码。

（2）故障诊断仪显示图。

故障诊断仪故障显示如图 25-4 所示。

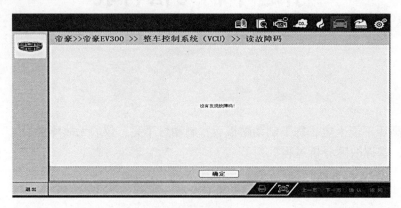

图 25-4　故障诊断仪故障显示

（3）相关数据流文字描述。

无相关数据流。

（4）相关数据流故障诊断仪显示。

无。

3. 检测流程

根据故障范围分步骤进行线路流程检测。

（1）检测步骤。

通过动作测试发现，动作执行指令下达后，刹车灯正常点亮（见图 25-5、图 25-6），说明制动开关之前的执行线路工作正常、刹车灯的灯泡元件正常，随后将检测目标确定为制动灯开关、相关线路和熔断器。

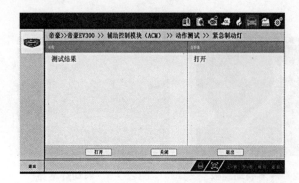

图 25-5　动作测试数值显示"打开"

图 25-6　制动灯点亮

（2）检测电路图。

需要检测的电路图如图 25-7 所示。

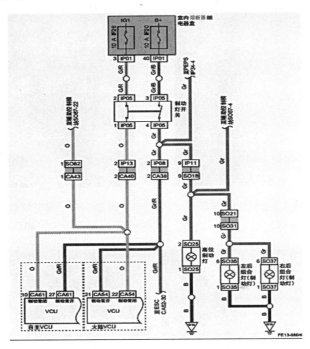

图 25-7 需要检测的电路图

（3）具体检测过程。

故障诊断与排除准备工作完毕之后，具体诊断过程如下。

①诊断过程。

整个诊断过程如图 25-8～图 25-18 所示。

图 25-8 上电后背插测量 IP05/3 到搭铁间电压

图25-9 未踩下制动踏板时，IP05 B+电压值　　　图25-10 踩下制动踏板后，IP05 B+电压值

图25-11 车辆下电，断开低压电源负极

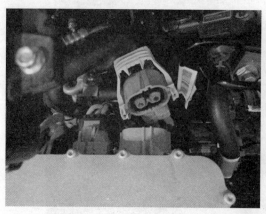 

图25-12 断开高压连接部件，静置5 min

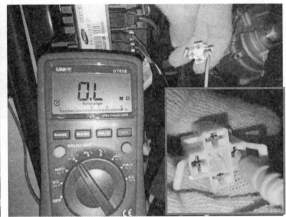

图 25-13　测量 IP05/03 到 B+ 间电阻

图 25-14　测量 IF20 熔断器输入端到 B+ 输出端间电阻

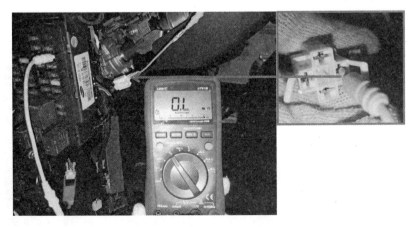

图 25-15　测量 IF20 熔断器输出端到 IP05/03 间电阻

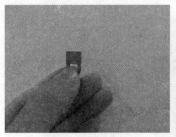

图 25-16　测量 IF20 熔断器元件

②若 IP05/04 线断路。

该故障现象同 IP05/03 线断路一致。IP05/03 线断路时，故障原因为刹车灯开关电源处断路，导致无法供电；断开 IP05/04 线时，故障原因为开关输出、PEPS、刹车灯元件，无法接收供电信号。当单独断开 IP08/02 及 CA38/02 插接器时，因为 CA38/02 下端连接线路为常开状态，所以无故障现象，车辆一切正常。

③若单独 IP01/03 与 IP05/02 断路或 IP05/01 与 CA54/22 断路，则这条线路在任何一处断开时都会导致车辆无法行驶，因为该线路为常闭状态，一旦断开，相当于人为踩下制动踏板的状态。

4. 该故障检测流程的进一步说明

此故障为 IP05 制动开关的电源故障，当在正常状态下，踩下制动踏板时，电压会从 12 V 降到 11.40 V 左右，用于制动灯元件的电能消耗上，当电源线路出现故障时，采用动作测试检测到执行元件并无故障点存在，下一步便将故障点推导至制动开关线路及相关熔断器；断开插接后进行分段测量，测量结果为 IP05/03 到 IF20 熔断器输出为断路状态，电路图及检测图如图 25-17、图 25-18 所示。

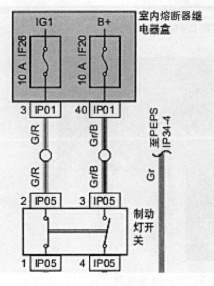

图 25-17　线路故障点

图 25-18　元件故障点

咨讯内容记录

实测分析与数据补充

项目二十六　IG2 继电器输出线路断路引起整车上电异常、仪表异常、PEPS 报警

依据"高压不能上电、仪表正常、危险警告灯闪烁"故障现象,分析电路图,掌握故障分析过程。

查阅该综合故障电路图,分析故障电路,确定该故障诊断流程。

掌握 IG 系统供电及相应线束出现故障后的现象。

故障分析过程

1. 故障现象

2017 款吉利帝豪 EV300,其故障现象为:高压不能上电、仪表正常、危险警告灯闪烁。故障现象如图 26-1、图 26-2 所示。

图 26-1　车辆在低压状态下危险警告灯闪烁

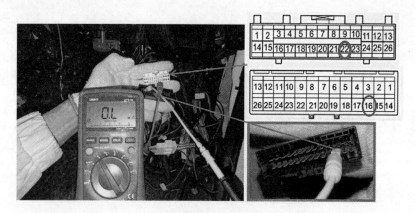

图 26-2 仪表异常

2. 模块通信状态及故障码检查

(1) 故障码文字描述。

VCU 无法进入系统；IG2 继电器对地短路或对电源短路。根据此故障现象，可将故障范围大致锁定在 EF18、IF12 熔断器及相关线路。

故障诊断仪显示的故障现象如图 26-3、图 26-4 所示。

图 26-3 故障诊断仪 VCU 系统显示

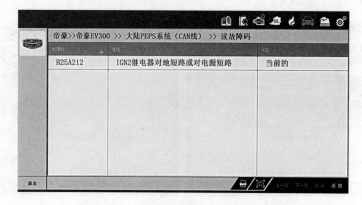

图 26-4 故障诊断仪 PEPS 系统显示

(2) 相关数据流文字描述。

无相关数据流。

(3) 相关数据流故障诊断仪显示。

无。

3. 确认故障范围

具体故障范围可以确定为 PEPS 中 IG2 线路以及相关熔断器。

4. 检测流程

根据故障范围分步骤进行线路流程检测。

(1) 检测分析。

根据故障现象及故障码显示,将故障锁定在 IG2 线路,需要检测的电路图如图 26 – 5 所示。

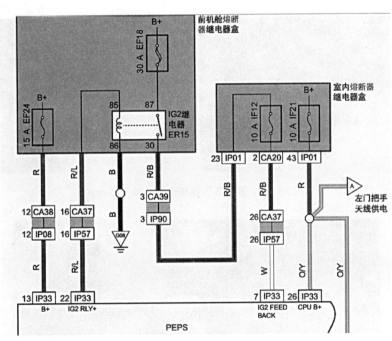

图 26 – 5　需要检测的电路图

(2) 具体检测过程。

故障诊断与排除准备工作完毕之后,整个诊断过程如图 26 – 6 ~ 图 26 – 12 所示。

5. 该故障检测过程的进一步说明

此故障围绕 IG2 继电器展开,IG2 以上的电源为 EF18。IG2 的反馈信号线电源为 IF12,首先针对两条电源线及相关熔断器进行排查,测量结果均为正常。下一阶段测量 IP33/22 到 ER15/85 端电阻值,发现电阻值为异常状态,分段测量后发现该故障点为 PEPS 的 IG2 线输出断路故障,电路图如图 26 – 13 所示。

图26-6 车辆下电,断开低压电源负极

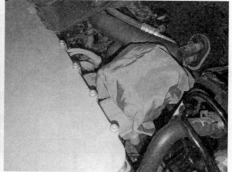

图26-7 断开高压连接部件,静置5 min

图26-8 测量B+到ER15继电器的87号线间电阻

项目二十六　IG2继电器输出线路断路引起整车上电异常、仪表异常、PEPS报警

图 26-9　测量 ER15/30 到 IP33/7 间电阻（1.9 Ω）

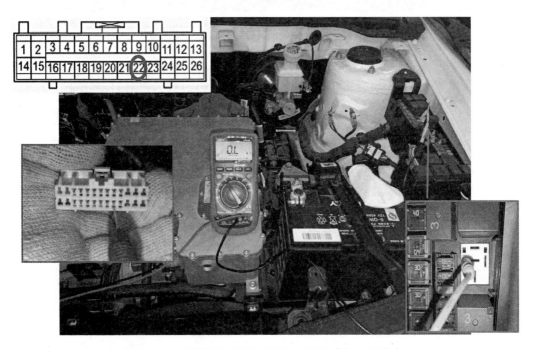

图 26-10　测量 ER15/85 到 IP33/22 间电阻（无穷大）

图 26-11 测量 ER15-85 到 CA37/16 间电阻（0.9 Ω）

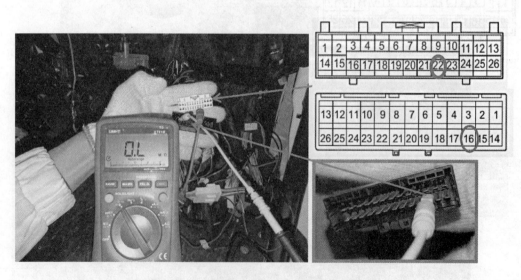

图 26-12 测量 IP33/22 到 IP57/16 间电阻

项目二十六　IG2继电器输出线路断路引起整车上电异常、仪表异常、PEPS报警

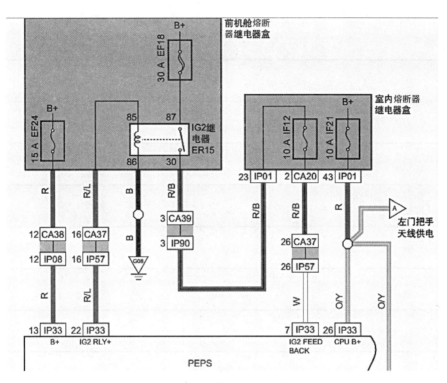

图 26-13　故障点所在图例

继电器输出线路断路引起整车上电异常、仪表异常、PEPS 报警

咨询内容记录

实测分析与数据补充

项目二十六　IG2继电器输出线路断路引起整车上电异常、仪表异常、PEPS报警

项目二十七　方向盘上锁失效引起车辆无法起动

依据"方向盘上锁失败，低压系统无法进入，踩下制动踏板后 STOP 按钮变为绿色"故障现象，分析电路图，掌握故障分析过程。

针对高压不能上电、仪表异常、PEPS 报警等问题查阅对应电路图，分析故障电路、故障诊断流程。

分析推理关于汽车防盗系统的相关故障点及原因。

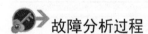 故障分析过程

1. 故障现象：

2017 款吉利帝豪 EV300，其故障现象为：方向盘上锁失败，低压系统无法进入，踩下制动踏板后 STOP 按钮变为绿色。仪表现象图 27-1 所示。

图 27-1　仪表现象

2. 模块通信状态及故障码检查

(1) 故障码文字描述。

除 PEPS 外各系统均无法进入，PEPS 显示没有发现故障码。故障诊断仪显示的故障如图 27 - 2、图 27 - 3 所示。

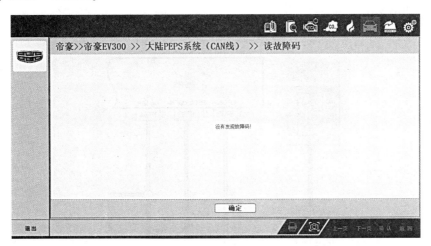

图 27 - 2　PEPS 相关故障代码读取（没有发现故障码）

图 27 - 3　VCU 相关故障代码读取（无法进入系统）

(2) 相关数据流文字描述。

无相关数据流。

(3) 相关数据流故障诊断仪显示代码。

无。

3. 确认故障范围

PEPS、ESCL 相关线路及熔断器。

4. 检测流程

(1) 检测分析。

根据故障现象可以判断故障范围大致在 ESCL 的 LIN 线唤醒，LOCK + 线路，搭铁以及 PEPS B + 侧熔断器及相关线路。

(2) 检测电路图。

需要检测的电路图如图 27 - 4 所示。

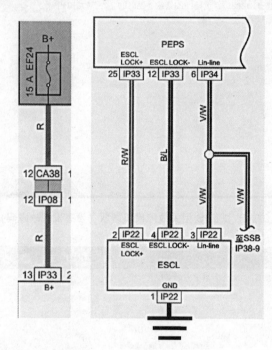

图 27 - 4 需要检测的电路图

(3) 具体检测过程。

故障诊断与排除准备工作完毕之后，整个诊断过程如图 27 - 5 ~ 图 27 - 17 所示。

图 27 - 5 车辆下电，断开低压电源负极

图27-6 断开高压连接部件，静置5 min

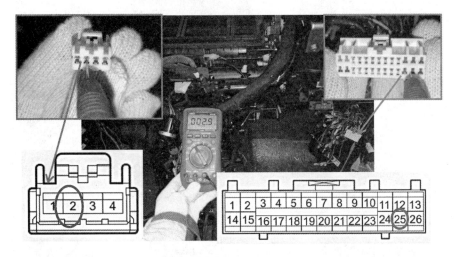

图27-7 测量IP33-25号到IP22-2间电阻（2.9 Ω）

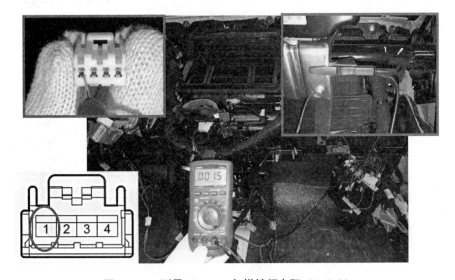

图27-8 测量IP22-1与搭铁间电阻（1.5 Ω）

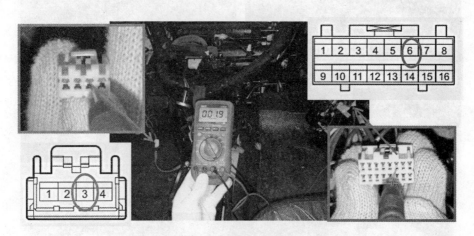

图27-9 测量IP34/6到IP22/3间电阻（1.9 Ω）

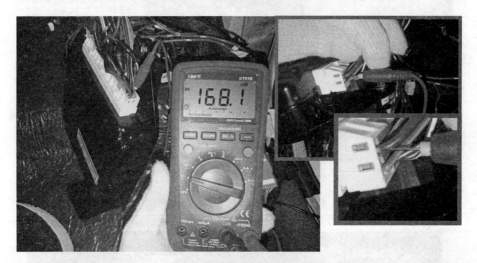

图27-10 上电后，测量IP33/13背插电压

图27-11 车辆下电，断开低压电源负极

项目二十七　方向盘上锁失效引起车辆无法起动

图 27-12　断开高压连接部件，静置 5 min

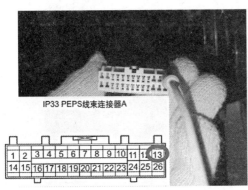

图 27-13　测量 IP33/13 到 B+线路间电阻，下阶段进行分段测量

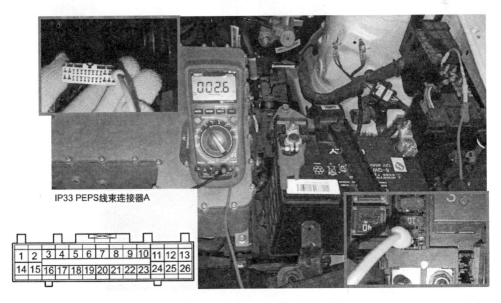

图 27-14　测量 IP33/13 到 EF24 输出端间电阻（2.6 Ω）

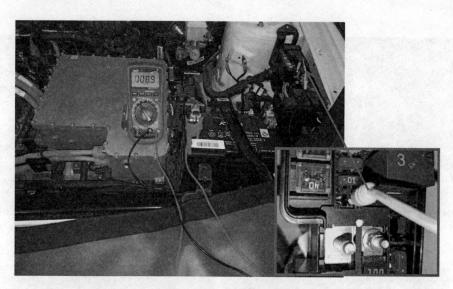

图27-15 测量B+与EF24输入端间电阻（8.9Ω）

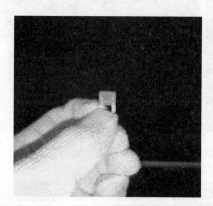 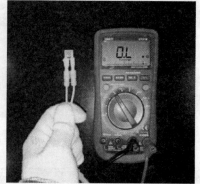

图27-16 目测及用万用表测量EF24熔断器，发现熔断器本身断路

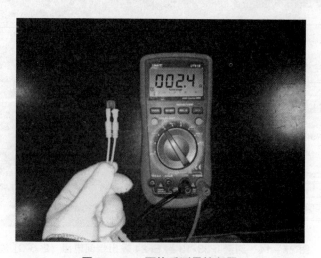

图27-17 更换后测量熔断器

转向柱锁线路排查完毕后未发现异常情况，下一步排查根据电路图册锁定在电源线路上。

5. 该故障检测流程的进一步说明

该故障涉及转向柱锁的共有 4 根信号线，经测量后确定转向柱锁相关线路均为正常，参考电路图确定该故障点为 PEPS ESCL 熔断器故障，如图 27 – 18 所示。

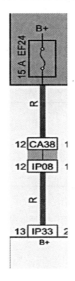

图 27 – 18　故障点所在图例

咨讯内容记录

实测分析与数据补充

项目二十八　B CAN 系统线路对地短路引起高压无法上电

依据"高压无法上电,仪表显示异常,P 挡异常闪烁"故障现象,分析电路图,掌握故障分析过程。

查阅对应电路图,分析故障电路图,确定诊断流程。

依据 CAN 线网络区分故障类型,准确判断故障范围。

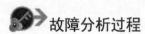

1. 故障现象

2017 款吉利帝豪 EV300,其故障现象为:高压无法上电,仪表显示异常,P 挡异常闪烁。仪表现象如图 28-1 所示。

图 28-1　仪表现象

2. 模块通信状态及故障码检查

（1）故障码文字描述。

除 VCU 外关于 B CAN 各系统均无法进入，故障诊断仪显示的故障现象如图 28 – 2 ~ 图 28 – 6 所示。

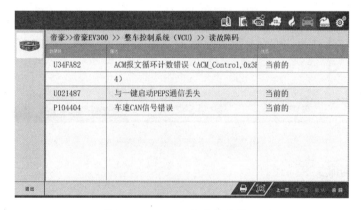

图 28 – 2　VCU 相关故障代码

图 28 – 3　VCU 部分故障代码

图 28 – 4　IPK 部分故障代码

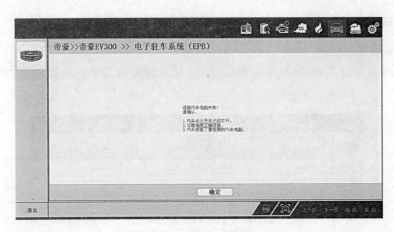

图 28-5　EPB 相关故障代码

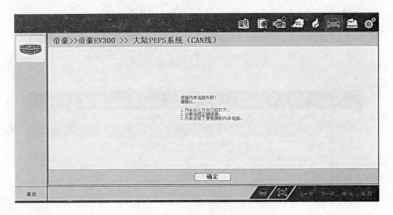

图 28-6　PEPS 相关故障代码

（2）相关数据流文字描述。

无相关数据流。

（3）相关数据流故障诊断仪显示。

无。

3. 确认故障范围

B CAN 线路及网关。

4. 检测流程

根据故障范围分步骤进行线路流程检测。

（1）检测步骤。

根据故障码提示，将故障初步锁定在 VCU 的 B CAN 线路上，但根据下一步操作，在进入各个相关系统模块时，现象为均无法进入。

（2）检测电路图。

需要检测的电路图如图 28-7 所示。

项目二十八　B CAN系统线路对地短路引起高压无法上电

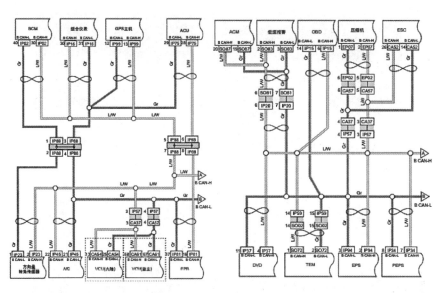

图28-7　需要检测的电路图

(3) 具体检测过程。

故障诊断与排除准备工作完毕之后，整个诊断过程如图28-8~图28-12所示。

图28-8　背插测量CA54-13电压
右侧为示波器波形图，波形电压为0 V，呈一条直线

图28-9　车辆下电，断开低压电源负极

图28-10 断开高压连接部件,静置5 min

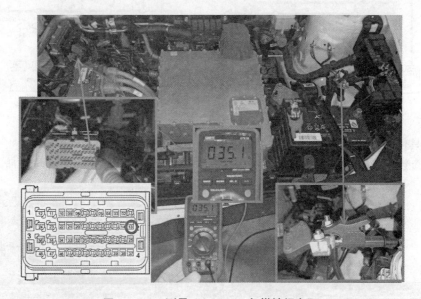

图28-11 测量CA54-13与搭铁间电阻

图28-12 测量IP34/7与搭铁间电阻(29.3 Ω)

5. 该故障检测流程的进一步说明

此故障由 VCU B – CAN 某一条信号线路对地发生短路故障，导致整个的 B CAN 网络处于瘫痪状态，此处只列举故障点，如图 28 – 13 所示。

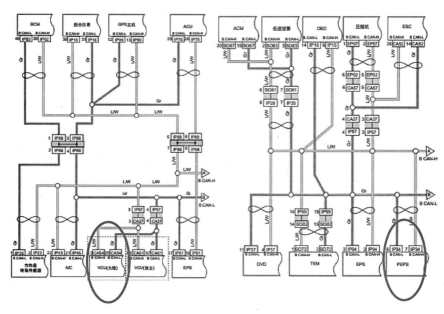

图 28 – 13　故障点所在图例

咨讯内容记录

实测分析与数据补充

项目二十九　供电线路断路引起 EPB 系统无法执行动作

依据"车辆屏幕显示 READY 状态，右下角处 P 挡故障灯点亮，EPB 按钮失效，提示灯不亮"故障现象，分析电路图，掌握故障分析过程。

查阅故障对应电路图，分析故障电路图，确定诊断流程。

熟悉并分析出 EPB 电子手刹的工作原理。

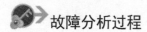

故障分析过程

1. 故障现象

2017 款吉利帝豪 EV300，其故障现象为：车辆屏幕显示 READY 状态，右下角处 P 挡故障灯点亮，EPB 按钮失效，提示灯不亮。仪表现象如图 29-1 所示。

图 29-1　仪表现象

2. 模块通信状态及故障码检查

（1）故障码文字描述。

VCU 报 EPB 报文循环计数错误，EPB 无法进入系统。

（2）故障诊断仪显示的故障现象如图 29-2、图 29-3 所示。

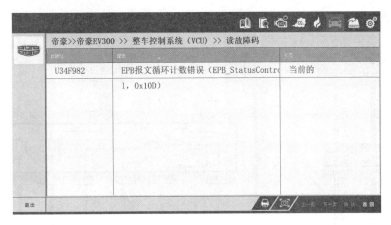

图 29-2　VCU 相关故障代码

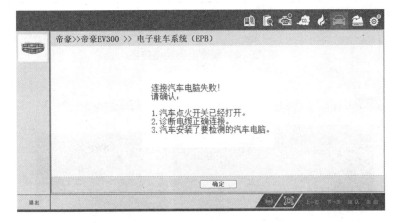

图 29-3　EPB 相关故障代码

（3）相关数据流文字描述。

无。

（4）相关数据流故障诊断仪显示。

无。

3. 确认故障范围

EPB 搭铁，电源，通信，自身。

4. 检测流程

根据故障范围分步骤进行线路流程检测。

（1）检测分析。

根据故障现象显示，此类故障与动力系统无关，根据诊断仪显示的数据，将故障范围锁定在 EPB 范围内，主要针对搭铁电源自身进行检测。

(2) 检测电路图。

需要检测的电路图如图 29-4 所示。

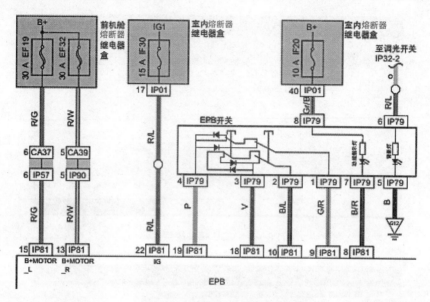

图 29-4 需要检测的电路图

(2) 具体检测过程。

故障诊断与排除准备工作完毕之后,整个诊断过程如图 29-5~图 29-17 所示。

图 29-5 背插测量 IP81/15 电压

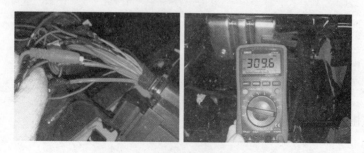

图 29-6 背插测量 IP81/13 电压

图 29-7　车辆下电，断开低压电源负极

图 29-8　断开高压连接部件，静置 5 min

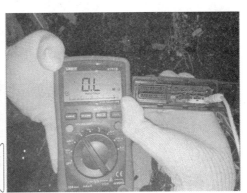
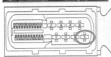

图 29-9　测量 IP81/15 到 B+ 间电阻

图 29-10　测量 IP81/13 与 B+ 间电阻

图 29-11　测量 EF32 输入端到 B+间电阻（0.1 Ω）

图 29-12　测量 EF32 熔断器输出端到 IP81/13 间电阻（0.5 Ω）

图 29-13　目测以及使用万用表测量 EF32 熔断器本身，发现熔断器本身故障

图 29-14　测量 B+到 EF19 熔断器输入端间电阻（0.1 Ω）

项目二十九 供电线路断路引起EPB系统无法执行动作

图 29-15　测量 EF19 输出端到 IP81/15 间电阻

图 29-16　测量 EF19 熔断器输出端到 CA37-6 间电阻（0.5 Ω）

图 29-17　测量 IP57/6 到 IP81/15 间电阻为无穷大

5. 该故障检测流程的进一步说明

EPB 系统供电元件及线路问题导致 EPB 按钮失效，整车无法释放电子驻车。

EPB 系统搭铁故障时，因系统电源无法构成回路，故障现象同电源故障相同，只需检测搭铁处与外界搭铁间电阻是否正常即可，故障点如图 29-18 所示。

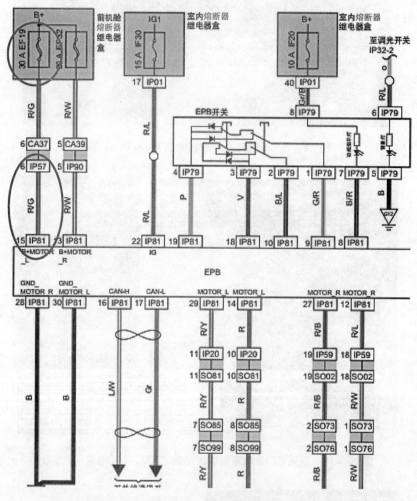

图 29-18 故障点所在图例

供电线路断路引起 EPB 系统无法执行动作

咨讯内容记录

实测分析与数据补充

项目三十　CAN 线断路引起 EPB 系统无法执行动作

依据"车辆显示 READY，手刹放下后无法应用"故障现象，分析电路图，掌握故障分析过程。

查阅故障对应电路图，分析故障电路图，确定故障诊断流程。

掌握针对同一部件显示的不同故障现象进行诊断排除。

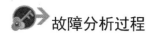

1. 故障现象

2017 款吉利帝豪 EV300，其故障现象为：车辆显示 READY，手刹放下后无法应用。仪表现象如图 30-1 所示。

2. 模块通信状态及故障码检查

（1）故障码文字描述。
EPB 模块无法进入系统。
（2）故障诊断仪显示的故障现象如图 30-2 所示。
（3）相关数据流文字描述。
释放后 EPB 数据流仍然显示应用。
（4）相关数据流故障诊断仪显示如图 30-3 所示。

3. 确认故障范围

EPB 通信。

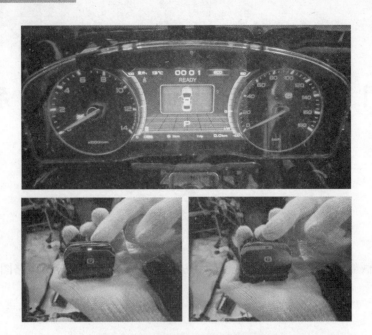

图 30-1 动作以后显示的故障现象

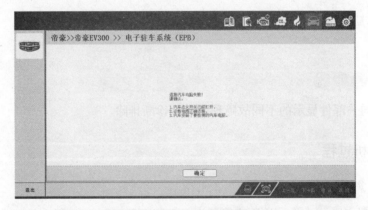

图 30-2 EPB 显示相关故障码

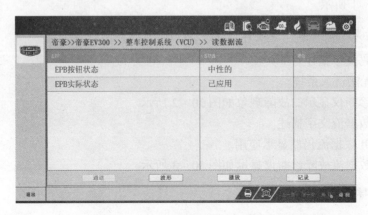

图 30-3 EPB 显示相关数据流

4. 检测流程

根据故障范围分步骤进行线路流程检测。

（1）检测分析。

此故障只针对EPB CAN线进行检测，通过开关显示状态可知EPB的供电、搭铁都处于正常状态。

（2）检测电路图。

需要检测的电路图如图30-4所示。

（3）具体检测过程。

故障诊断与排除准备工作完毕之后，整个诊断过程如图30-5～图30-10所示。

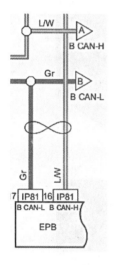

图30-4 需要检测的电路图　　图30-5 测量IP81/16（CAN-H）与搭铁间电压

图30-6 测量IP81/7（CAN-L）与搭铁间电压

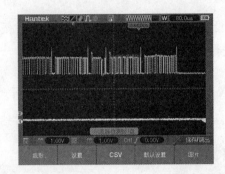

图30-7 测量IP81/7与IP81/16对地波形（CAN-H波形呈一条直线）

图30-8 车辆下电，断开低压电源负极

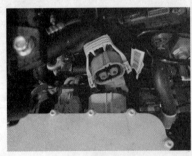 

图30-9 断开高压连接部件，静置5 min

图30-10 测量IP81/16、7终端电阻（无穷大）

5. 该故障检测流程的进一步说明

该故障在进行电压测量时电压值为2.8 V，同时利用波形进行特征验证，说明存在 CAN 线故障，经进一步测量后，CAN-H 与 CAN-L 之间终端电阻无穷大，为其中一条线路断路故障，电路图如图 30-11 所示。

不受节点限制，可以进行分段测量的情况下：单条线路测得电压值为 12 V 时，说明该线路对电源短路；测得电压为 0 V 时，需进一步判断该故障是否为对地短路或元件本身故障。若为对地短路故障，则线路对搭铁间电阻值应为导通值；若测得两条线路均为 2.5 V 值则需进一步判断两条线路之间的电阻值，若之间的电阻值为导通，则说明 CAN-H 与 CAN-L 之间发生线间短路。

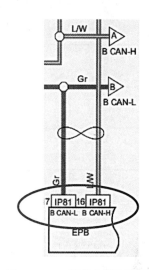

图 30-11 故障点所在图例

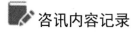

咨讯内容记录

实测分析与数据补充

项目三十一　开关线路断路引起 EPB 系统无法执行动作

依据"车辆显示 READY，驻车制动无法释放，驻车制动按钮提示灯为常亮"故障现象，分析电路图，掌握故障分析过程。

查阅对应电路图，分析故障电路图，确定故障诊断流程。

区分开关与信号线路的故障类别。

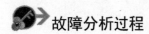

1. 故障现象

2017 款吉利帝豪 EV300，其故障现象为：车辆显示 READY，驻车制动无法释放，驻车制动按钮提示灯为常亮。仪表现象如图 31-1 所示。

2. 模块通信状态及故障码检查

（1）故障码文字描述。
EPB 系统可以进入，报出的故障码为开关线路故障。
（2）故障诊断仪显示的故障现象如图 31-2 所示。
（3）相关数据流文字描述。
EPB 按钮为失效状态，驻车制动为"已应用"。
（4）相关数据流故障诊断仪显示如图 31-3 所示。

3. 确认故障范围

驻车制动开关线路及元件。

项目三十一　开关线路断路引起EPB系统无法执行动作

图 31-1　仪表现象

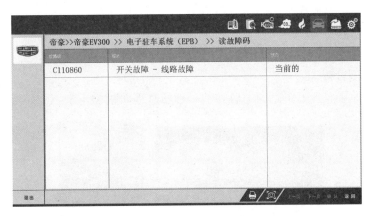

图 31-2　EPB 相关故障码

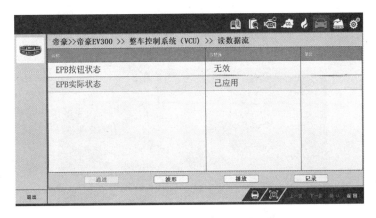

图 31-3　EPB 相关数据流故障诊断仪显示

4. 检测流程

根据故障范围分步骤进行线路流程检测。

（1）检测分析。

由于 EPB 开关 1 号、2 号线路为常供电，3 号、4 号为信号线，在开关触点闭合时，信号线接收电压信号，向外输出电压，出现故障时，信号线则不工作，所以只针对 3 号、4 号进行测量。

（2）检测电路图。

需要检测的电路图如图 31-4 所示。

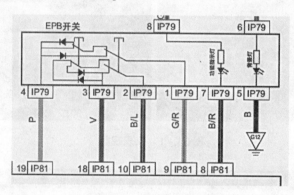

图 31-4　需要检测的电路图

（3）具体检测过程。

故障诊断与排除准备工作完毕之后，整个诊断过程如图 31-5～图 31-10 所示。

图 31-5　测量 IP79/3 与搭铁间电压（无故障时未释放手刹）

图 31-6　测量 IP79/3 与搭铁间电压（无故障时拉起手刹）

图 31-7　存在故障时，拉起/释放手刹电压值

图 31-8　车辆下电，断开低压电源负极

图 31-9　断开高压连接部件，静置 5 min

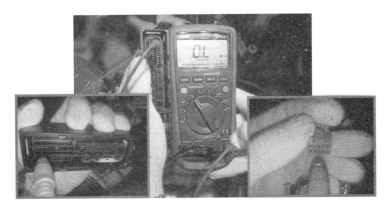

图 31-10　测量 IP81/18 与 IP79/3 间电阻（无穷大）

5. 该故障检测流程的进一步说明

该故障在检测过程中 EPB 开关元件始终处于正常状态，EPB 开关动作后的正常电压为 2.3 V，若系统正常，开关动作前电压为 2.3 V，动作后电压为 5 V。当开关处于线路断路状态时，检测 EPB 开关控制线路的电压，本身线路电压为 0 V，在测量线路导通时发现，开关处于 IP81 间，信号线处于断路状态。故障点如图 31-11 所示。

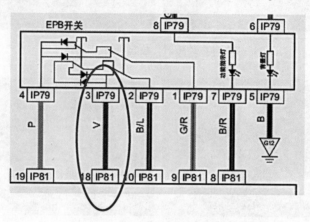

图 31-11 故障点所在图例

📝 咨讯内容记录

实测分析与数据补充

项目三十二　供电线路断路引起电子换挡器（EGSM）指示灯不亮

依据"车辆仪表能够正常显示 READY，P 挡闪烁，电子换挡器（EGSM）提示灯不亮"故障现象，分析电路图，掌握故障分析过程。

查阅对应电路图，分析故障电路图，确定故障诊断流程。

该故障现象诊断流程设计、实施。

故障分析过程

1. 故障现象

2017 款吉利帝豪 EV300，其故障现象为：车辆仪表能够正常显示 READY，P 挡闪烁，电子换挡器（EGSM）提示灯不亮。仪表显示、电子换挡器显示如图 32 -1、图 32 -2 所示。

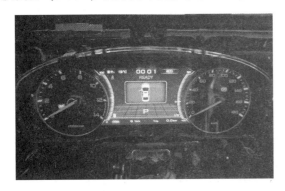

图 32 -1　仪表显示

图 32 -2　电子换挡器显示

2. 模块通信状态及故障码检查

（1）故障码文字描述。

电子换挡器（EGSM）系统无法进入。

（2）故障诊断仪显示的故障现象如图32-3所示。

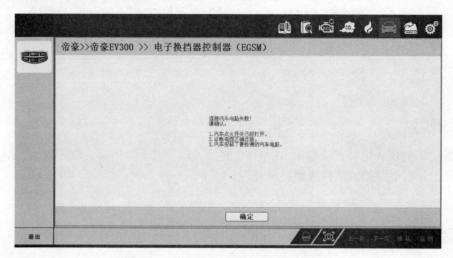

图32-3 电子换挡器故障相关故障码

（3）相关数据流文字描述

无相关数据流。

（4）相关数据流故障诊断仪显示图片。

无。

3. 确认故障范围

EGSM模块供电、搭铁、通信、本身。

4. 检测流程

根据故障范围分步骤进行线路流程检测。

（1）检测步骤分析。

根据故障现象依次检查供电、搭铁、通信、本身，需要检测的电路图如图32-4所示。

（2）具体检测过程。

故障诊断与排除准备工作完毕之后，整个诊断过程如图32-5～图32-11所示。

5. 该故障检测流程的进一步说明

电子换挡器电源线出现故障后电子换挡为失效状态，车辆动力方面为正常状态但是无法挂挡前进，进而检查电子换挡供电线路以及搭铁线路的问题，电路图如图32-12所示。

项目三十二　供电线路断路引起电子换挡器（EGSM）指示灯不亮

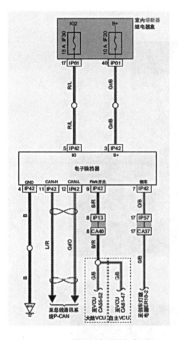

图 32-4　需要检测的电路图

图 32-5　背插测量 IP42/3 与搭铁间电压

图 32-6　背插测量 IP42/5 线与搭铁间电压

图 32-7　车辆下电，断开低压电源负极

图 32-8　断开高压连接部件，静置 5 min

| 251 |

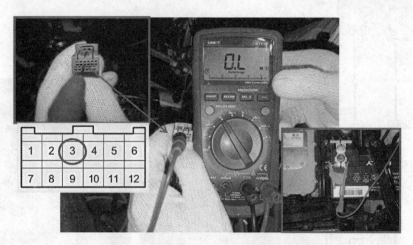

图32-9　测量IP42/3与B+间电阻

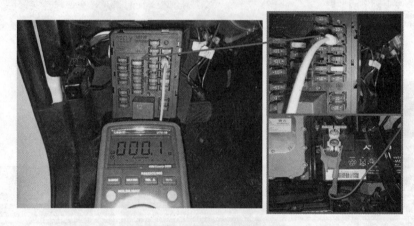

图32-10　测量B+到IF20输入端间电阻（0.1Ω）

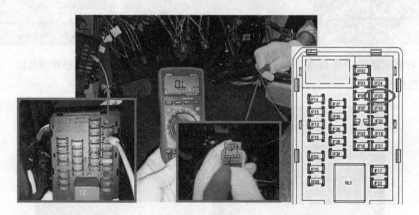

图32-11　测量IF20输出端到IP42/3间电阻

项目三十二　供电线路断路引起电子换挡器（EGSM）指示灯不亮

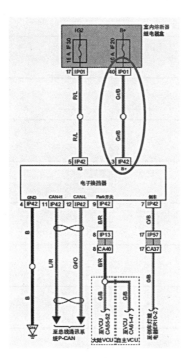

图 32-12　故障点所在图例

供电线路断路引起电子换挡器（EGSM）指示灯不亮

咨讯内容记录

_____

_____

_____

_____

_____

实测分析与数据补充

项目三十三 CAN 线断路引起电子换挡器（EGSM）无法正常工作

依据"车辆仪表能够正常显示 READY，P 挡闪烁，电子换挡器提示灯异常"故障现象，分析电路图，掌握故障分析过程。

查阅对应电路图，分析故障电路，确定故障诊断流程。

区分电子换挡器不同的故障现象所导致的故障原因。

故障分析过程

1. 故障现象

2017 款吉利帝豪 EV300，其故障现象为：车辆仪表能够正常显示 READY，P 挡闪烁，电子换挡器提示灯异常。仪表现象及电子换挡器显示如图 33 - 1、图 33 - 2 所示。

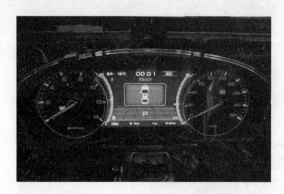

图 33 - 1 仪表现象

图 33 - 2 电子换挡器显示

2. 模块通信状态及故障码检查

（1）故障码文字描述。

电子换挡器（EGSM）系统无法进入，故障诊断仪显示的故障现象如图 33-3 所示。

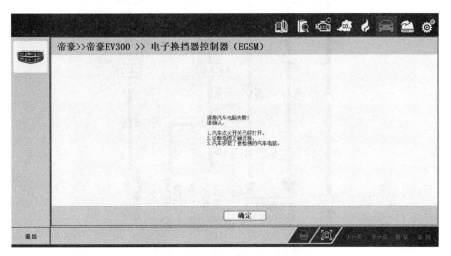

图 33-3　电子换挡器相关故障码

（2）相关数据流文字描述。

无相关数据流。

（3）相关数据流故障诊断仪显示。

无。

3. 确认故障范围

EGSM 模块通信、本身。

4. 检测流程

根据故障范围分步骤进行线路流程检测。

（1）检测分析。

根据故障现象首先判断 EGSM 模块本身供电、搭铁均无故障，随后针对 CAN 线以及 EGSM 模块本身进行测量。

（2）检测电路图。

需要检测的电路图如图 33-4 所示。

（3）具体检测过程。

故障诊断与排除准备工作完毕之后，整个诊断过程如图 33-5～图 33-11 所示。

5. 该故障检测流程的进一步说明

CAN 线出现故障后电子换挡为失效状态，但换挡器指示灯能够点亮，说明供电回路为正常状态，车辆动力方面为正常状态但是无法挂挡前进，进而检查电子换挡 CAN 线路的问题。如图 33-12 所示。

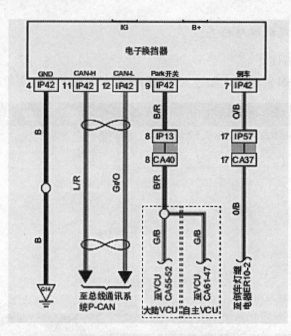

图33-4 需要的检测电路图

图33-5 背插测量 CAN-H、IP42/11 与搭铁间电压

图33-6 背插测量 CAN-L、IP42/12 与搭铁间电压

项目三十三　CAN线断路引起电子换挡器（EGSM）无法正常工作

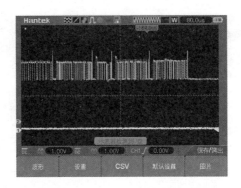

图 33-7　测量 IP42/11 与 IP42/12 对地波形（CAN-H 波形异常）

图 33-8　车辆下电，断开低压电源负极

图 33-9　断开高压连接部件，静置 5 min

图 33-10　测量 CAN 线 IP42/11 与 IP42/12 间电阻（无穷大）

| 259 |

图 33-11 测量 IP42/11 与 CA54/38 间电阻（无穷大）

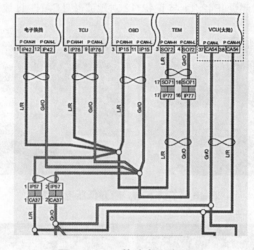

图 33-12 故障点所在图例

咨讯内容记录

实测分析与数据补充

项目三十四　P CAN 线路对地短路引起高压无法上电

依据"仪表动力系统故障指示灯亮起，P 挡闪烁，高压无法上电，换挡器指示灯异常"故障现象，分析电路图，掌握故障分析过程。

查阅对应电路图，分析故障电路，确认故障诊断流程。

动力 CAN 与舒适 CAN 的故障类型及诊断方法。

 故障分析过程

1. 故障现象

2017 款吉利帝豪 EV300，其故障现象为：仪表动力系统故障指示灯亮起，P 挡闪烁，高压无法上电，换挡器指示灯异常。仪表现象及电子换挡器显示如图 34 – 1、图 34 – 2 所示。

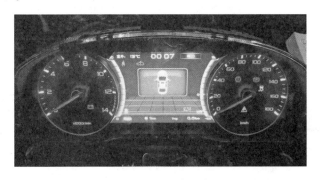

图 34 – 1　仪表现象

图 34 – 2　电子换挡器显示

2. 模块通信状态及故障码检查

（1）故障码文字描述。

VCU 报 E34A882 电机控制器报文循环计数错误；E34AD82 BMS 报文循环计数错误等，关于 P CAN 线路的模块均有故障码。

（2）故障诊断仪显示。

故障诊断仪显示的故障现象如图 34-3~图 34-6 所示。

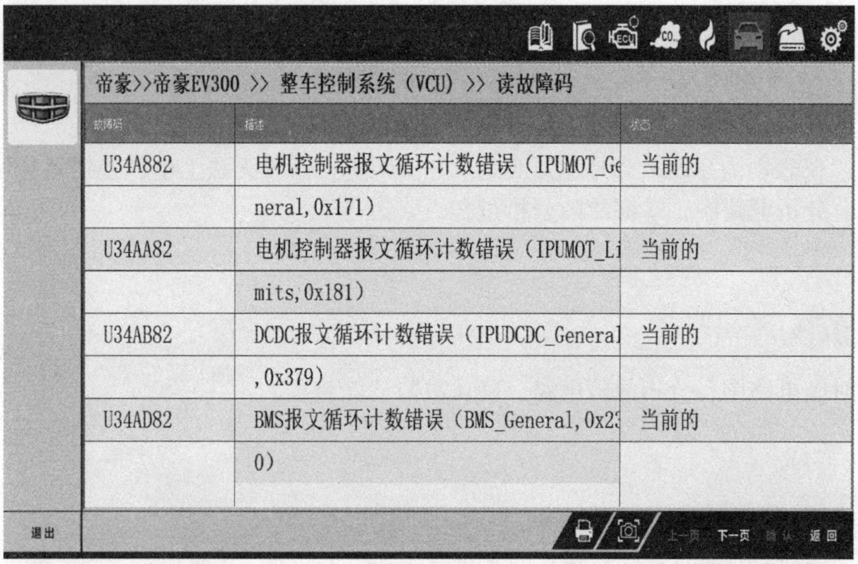

帝豪>>帝豪EV300 >> 整车控制系统（VCU）>> 读故障码		
故障码	描述	状态
U34A882	电机控制器报文循环计数错误（IPUMOT_General,0x171）	当前的
U34AA82	电机控制器报文循环计数错误（IPUMOT_Limits,0x181）	当前的
U34AB82	DCDC报文循环计数错误（IPUDCDC_General,0x379）	当前的
U34AD82	BMS报文循环计数错误（BMS_General,0x230）	当前的

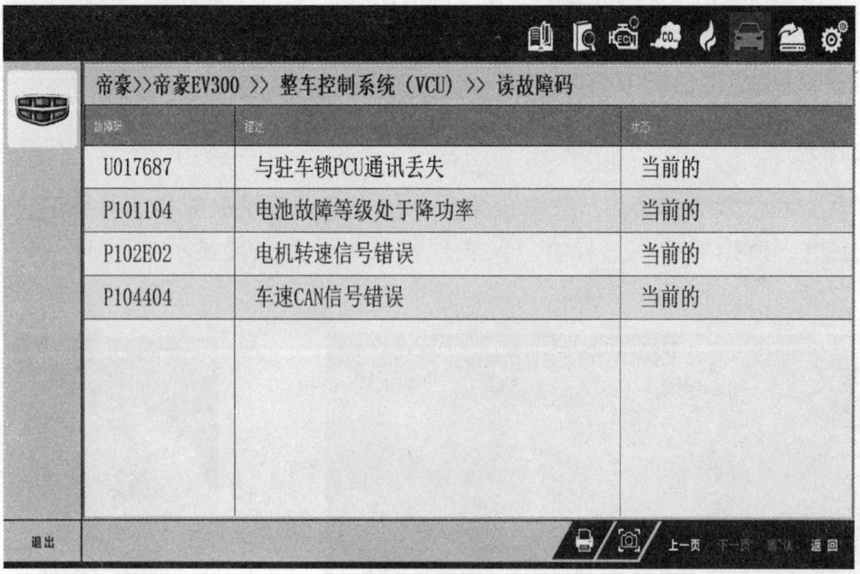

帝豪>>帝豪EV300 >> 整车控制系统（VCU）>> 读故障码		
故障码	描述	状态
U017687	与驻车锁PCU通讯丢失	当前的
P101104	电池故障等级处于降功率	当前的
P102E02	电机转速信号错误	当前的
P104404	车速CAN信号错误	当前的

图 34-3　整车控制模块相关故障码

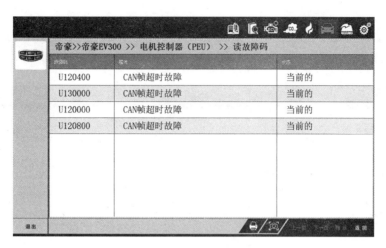

图34-4 电机控制器模块相关故障码

图34-5 电源管理系统模块相关故障码

图34-6 充电控制器模块相关故障码

(3) 相关数据流文字描述。

电机系统故障状态：无误；BMS 系统故障等级：0；车载充电机故障状态：无误。

(4) 相关数据流故障诊断仪显示如图 34-7 所示。

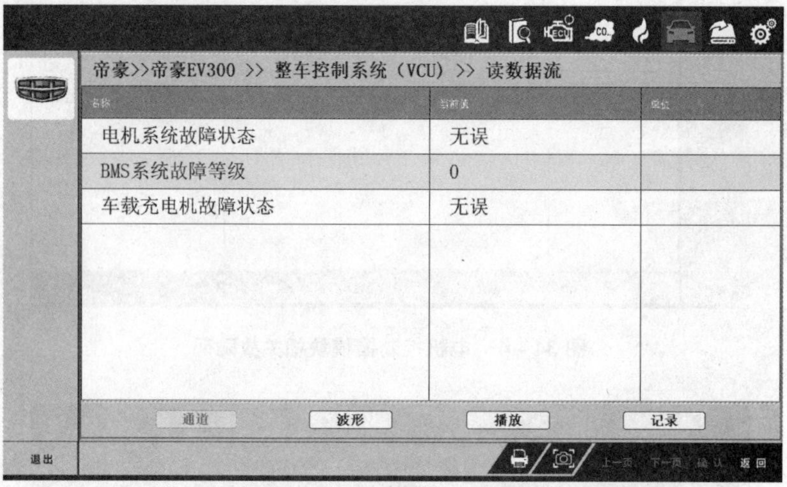

图 34-7 整车控制系统相关数据流

3. 确认故障范围

P CAN 线路故障。

4. 检测流程

根据故障范围分步骤进行线路流程检测。

(1) 检测分析。

出现此故障现象主要由 4 种线路故障类型导致：断路、对地短路、对电源供电线路短路、线间短路，排除此类故障时首先从电压值上判断缩小故障范围，再利用 CAN 线波形进行特征验证。

(2) 检测电路图。

需要检测的电路图如图 34-8 所示。

(3) 具体检测过程

故障诊断与排除准备工作完毕之后，整个诊断过程如图 34-9～图 34-12 所示。

5. 该故障检测流程的进一步说明

P CAN 线路对地短路后，全车无法上高压电，属于 CAN 网络系统故障，此时无论在任意模块测量 P CAN 线路电压值均为 0 V（如电子换挡器），断开插接后测量 CAN-L 到 CAN-H 之间终端电阻时发现两者之间无电阻，随后分别测得 CAN-L、CAN-H 线路到搭铁间电阻，发现对地为导通状态，故障类型为对地短路故障，故障电路图如图 34-13 所示。

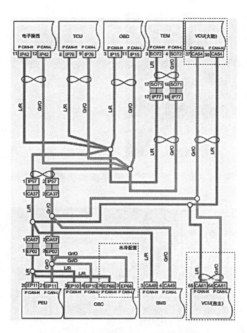

图 34-8 需要检测的电路图

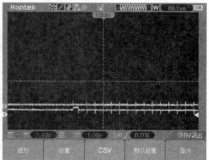

图 34-9 背插测量 IP42/11 到搭铁间电压
右侧为 IP42/11 以及 IP42/12 对地波形（波形异常呈一条直）

图 34-10 车辆下电，断开低压电源负极

图 34-11　断开高压连接部件，静置 5 min

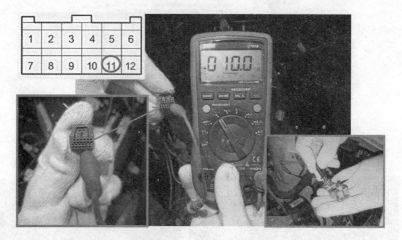

图 34-12　测量 IP42/11 到负极间电阻（10 Ω）

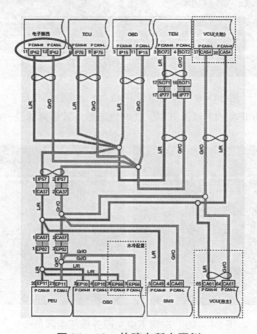

图 34-13　故障点所在图例

咨讯内容记录

实测分析与数据补充

项目三十五　P CAN 线路与电源供电线短路引起高压无法上电

依据"仪表动力系统故障指示灯亮起，P挡闪烁，高压无法上电，换挡器指示灯异常"故障现象，分析电路图，掌握故障分析过程。

查阅对应电路图，分析故障电路图，确认故障诊断流程。

分析掌握 CAN 线对电源短路的基本诊断特征。

1. 故障现象

2017 款吉利帝豪 EV300，其故障现象为：仪表动力系统故障指示灯亮起，P挡闪烁，高压无法上电，换挡器指示灯异常。仪表现象如图 35–1 所示。

图 35–1　车辆仪表

2. 模块通信状态及故障码检查

（1）故障码文字描述。

VCU 报 E34A882 电机控制器报文循环计数错误；E34AD82 BMS 报文循环计数错误等，关于 P CAN 线路的模块均有故障码。

（2）故障诊断仪显示的故障现象如图 35-2～图 35-5 所示。

故障码	描述	状态
U34A882	电机控制器报文循环计数错误（IPUMOT_General,0x171）	当前的
U34AA82	电机控制器报文循环计数错误（IPUMOT_Limits,0x181）	当前的
U34AB82	DCDC报文循环计数错误（IPUDCDC_General,0x379）	当前的
U34AD82	BMS报文循环计数错误（BMS_General,0x230）	当前的

帝豪>>帝豪EV300 >> 整车控制系统（VCU）>> 读故障码

故障码	描述	状态
U017687	与驻车锁PCU通讯丢失	当前的
P101104	电池故障等级处于降功率	当前的
P102E02	电机转速信号错误	当前的
P104404	车速CAN信号错误	当前的

图 35-2 整车控制系统故障代码

帝豪>>帝豪EV300 >> 电机控制器（PEU）>> 读故障码

故障码	描述	状态
U120400	CAN帧超时故障	当前的
U130000	CAN帧超时故障	当前的
U120000	CAN帧超时故障	当前的
U120800	CAN帧超时故障	当前的

图 35-3 电机控制器相关故障码

图 35-4　电源管理系统相关故障码

图 35-5　充电控制器相关故障码

(3) 相关数据流文字描述。

电机系统故障状态：无误；BMS 系统故障等级：0；车载充电机故障状态：无误。

(4) 相关数据流故障诊断仪显示图如图 35-6 所示。

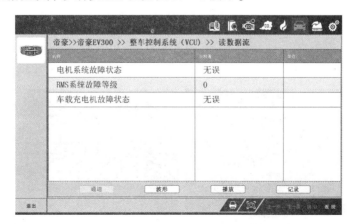

图 35-6　整车控制器相关数据流

3. 确认故障范围

P CAN 线路。

4. 检测流程

根据故障范围分步骤进行线路流程检测。

（1）检测分析。

出现此故障现象主要由 4 种线路故障类型导致：断路、对地短路、对电源供电线路短路、线间短路，排除此类故障时首先从电压值上判断缩小故障范围，利用 CAN 波形特性进一步确认故障范围。

（2）检测电路图。

需要检测的电路图如图 35 – 7 所示。

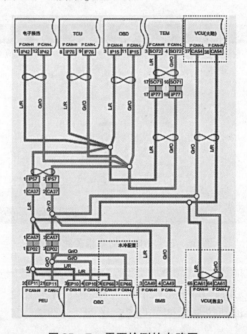

图 35 – 7　需要检测的电路图

（3）具体检测过程。

故障诊断与排除准备工作完毕之后，整个诊断过程如图 35 – 8 ~ 图 35 – 11 所示。

图 35 – 8　背插测量 EP66/4 与搭铁间电压（右图为 12 V 常直线波形，波形异常）

图 35-9　车辆下电，断开低压电源负极

图 35-10　断开高压连接部件，静置 5 min

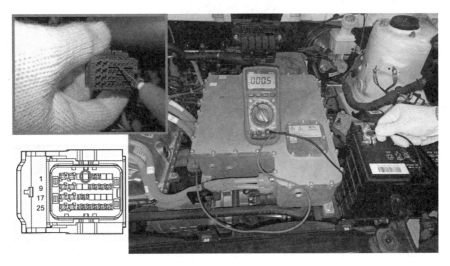

图 35-11　测量 EP66/4 与 B+ 间电阻（0.5 Ω）

5. 该故障检测流程的进一步说明

当测得 P CAN 线电压值为蓄电池 12 V 电压时，即可将故障范围缩小至对电源短路故障方面，为确保故障排除彻底，断开插接器后测量 CAN 线与正极间电阻，测量值为导通状态，说明该故障为 CAN 线对电源短路故障，故障点如图 35-12 所示。

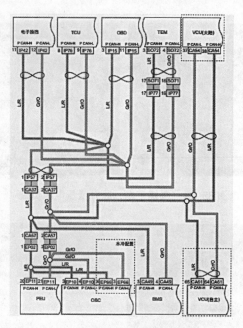

图 35-12 故障点所在图例

P CAN 线路与电源供电线短路引起高压无法上电

咨讯内容记录

实测分析与数据补充

项目三十六 P CAN 线路线间短路引起高压无法上电

依据"仪表动力系统故障指示灯亮起,P 挡闪烁,高压无法上电,换挡器指示灯异常"故障现象,分析电路图,掌握故障分析过程。

查阅故障现象对应电路图,分析故障诊断流程。

分析掌握 CAN 线对线间短路的基本诊断流程。

故障分析过程

1. 故障现象

2017 款吉利帝豪 EV300,其故障现象为:仪表动力系统故障指示灯亮起,P 挡闪烁,高压无法上电,换挡器指示灯异常。仪表现象如图 36 – 1 所示。

图 36 – 1 仪表现象

2. 模块通信状态及故障码检查

(1) 故障码文字描述。

VCU 报 E34A882 电机控制器报文循环计数错误；E34AD82 BMS 报文循环计数错误等，关于 P CAN 线路模块均有故障码。

(2) 故障诊断仪显示的故障如图 36 -2 ~ 图 36 -5 所示。

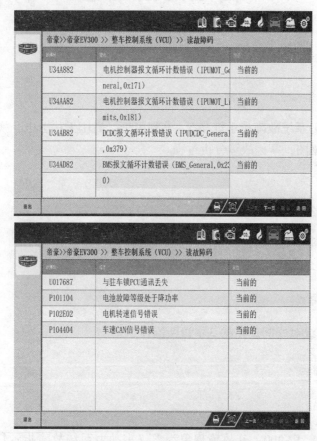

图 36 -2　整车控制系统相关故障码

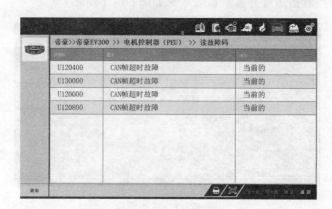

图 36 -3　电机控制器相关故障码

图36-4 电源控制系统相关故障码

图36-5 充电控制器相关故障码

(3) 相关数据流文字描述。

电机系统故障状态：无误；BMS系统故障等级：0；车载充电机故障状态：无误。

(4) 相关数据流故障诊断仪显示图如图36-6所示。

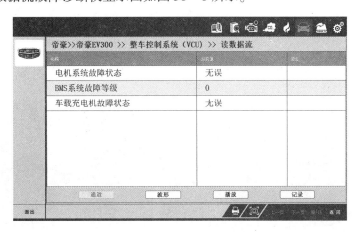

图36-6 整车控制器相关数据流

3. 确认故障范围

P CAN 线路。

4. 检测流程

根据故障范围分步骤进行线路流程检测。

(1) 检测分析。

出现此故障现象主要由 4 种线路故障类型导致：断路、对地短路、对电源供电短路、线间短路，排除此类故障时首先从电压值上判断缩小故障范围，并利用 CAN 线波形特性进一步验证特性。

(2) 检测电路图。

需要检测的电路图如图 36 - 7 所示。

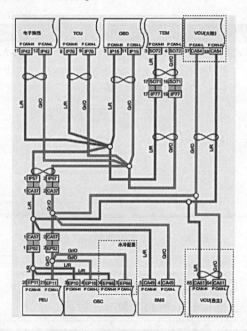

图 36 - 7 需要检测的电路图

(4) 具体检测过程

故障诊断与排除准备工作完毕之后，整个诊断过程如图 36 - 8 ~ 图 36 - 12 所示。

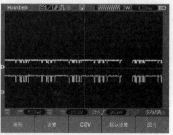

图 36 - 8 背插测量 CA54/38 与搭铁间电压（右侧为示波器波形图，波形异常）

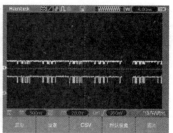

图 36-9　背插测量 CA54/37 与搭铁间电压（右侧为示波器波形图，波形异常）

图 36-10　车辆下电，断开低压电源负极

图 36-11　断开高压连接部件，静置 5 min

图 36-12　测量 CA54/38 与 CA54/37 间电阻（1.0 Ω）

6. 该故障检测流程的进一步说明

P CAN 线路正常电压值 CAN-H 为 2.7 V、CAN-L 为 2.3 V，以上测量结果显示两条 CAN 线电压值均为 2.2 V，同时利用波形特性对 CAN 线进行进一步的确认，电压值相同的情况下，故障范围缩小至线路短路，随后对插接器进行导通测量确定故障点，两条 CAN 线正常终端电阻应为 60 Ω 左右，在实际测量时发现，两条 CAN 线间互为导通状态，即判定故障为 CAN 线线间短路故障，如图 36-13 所示。

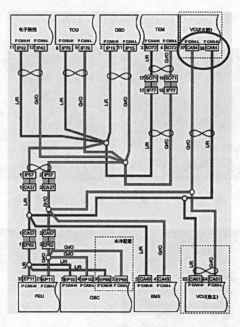

图 36-13 故障点所在图例

📝 咨讯内容记录

✏️ 实测分析与数据补充

项目三十七 线路断路引起右转向灯不亮

依据"仪表显示 READY,右转向时仪表不亮,转向指示灯不亮"故障现象,分析电路图,掌握故障分析过程。

查阅车身控制模块(BCM)系统电路图,分析故障电路图,确认故障诊断流程。

充分运用诊断仪内各项功能简便快速检测故障类型。

 故障分析过程

1. 故障现象

2017 款吉利帝豪 EV300,其故障现象为:仪表显示 READY,右转向时仪表不亮,转向指示灯不亮。故障现象如图 37-1、图 37-2 所示。

图 37-1 拨动转向灯开关

图 37-2 转向灯不亮

2. 模块通信状态及故障码检查

（1）故障码文字描述。

无相关故障码。

（2）故障诊断仪显示。

无。

（3）相关数据流文字描述。

正常数据流为前面左转向信号驱动器输出状态：开。

（4）相关数据流故障诊断仪显示图如图37-3所示。

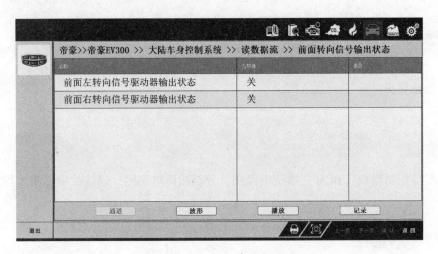

图37-3　车身系统相关数据流

（5）相关动作测试故障诊断仪显示如图37-4、图37-5所示。

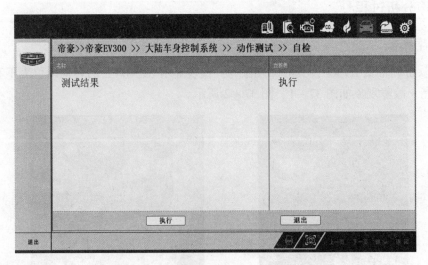

图37-4　动作测试显示"执行"命令

项目三十七　线路断路引起右转向灯不亮

图 37-5　大灯元件正常点亮

3. 确认故障范围

转向开关、线路、车身控制模块（BCM）本身。

4. 检测流程

根据故障范围分步骤进行线路流程检测。

（1）检测分析。

测试结果显示灯泡元件以及线路为正常状态，排查灯光开关到 BCM 线路导通情况。

（2）检测电路图。

需要检测的电路图如图 37-6 所示。

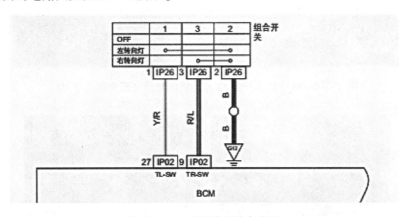

图 37-6　需要检测的电路图

（3）故障诊断与排除准备工作完毕之后，整个诊断过程如图 37-7～图 37-11 所示。

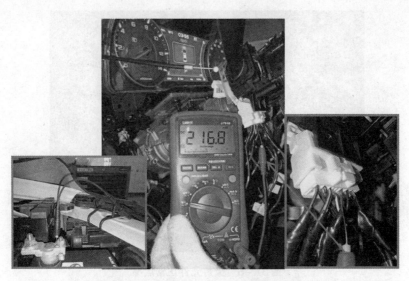

图37-7 背插测量IP26/3与搭铁间电压

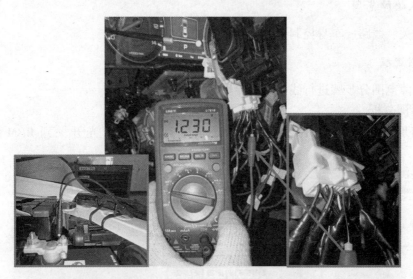

图37-8 背插测量IP26/3与搭铁间电压（正常时1.2 V）

图37-9 车辆下电，断开低压电源负极

图 37-10　断开高压连接部件，静置 5 min

图 37-11　测量 IP26/3 与 IP02/9 间阻值（无穷大）

5. 该故障检测流程的进一步说明

数据流读取时，通过动作转向开关后发现，诊断仪并无明显开关动作，说明故障点范围可能存在开关元件本身以及开关相关线路当中，通过动作测试数据显示，右转向灯泡正常点亮，说明 BCM 模块控制右转向灯元件及线路为正常状态，在实际测量过程中，组合开关线路到 BCM 为断路故障，电路图如图 37-12 所示。

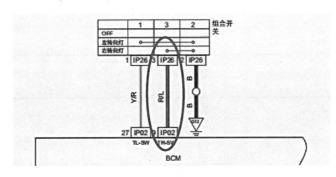

图 37-12　故障点所在图例

咨讯内容记录

实测分析与数据补充

项目三十八　线路故障引起转向灯应急模式加速闪烁

依据"仪表显示READY，右转向时仪表亮，转向指示灯出现应急模式加速闪烁"故障现象，分析电路图，掌握故障分析过程。

查阅该故障现象对应电路图，分析故障电路图，确认故障诊断流程。

充分运用诊断仪内各项功能进行故障诊断分析及诊断。

 故障分析过程

1. 故障现象

2017款吉利帝豪EV300，其故障现象为：仪表显示READY，右转向时仪表亮，转向指示灯出现应急模式加速闪烁。故障现象如图38-1、图38-2所示。

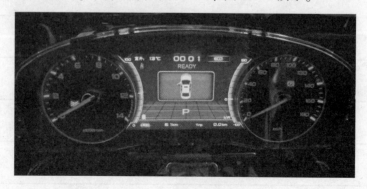

图38-1　仪表显示正常

图 38-2 尾灯闪烁

2. 模块通信状态及故障码检查

（1）故障码文字描述。
无相关故障码。
（2）故障诊断仪显示。
无相关故障码。
（3）相关数据流文字描述。
正常数据流为前面右转向信号驱动器输出状态：开。
（4）相关数据流故障诊断仪显示如图 38-3 所示。

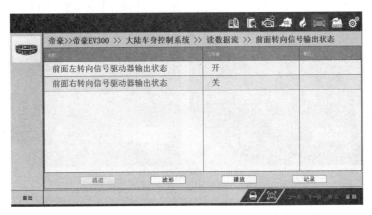

图 38-3 车身模块相关数据流

3. 确认故障范围

右转向灯泡以及相关线路。

4. 检测流程

根据故障范围分步骤进行线路流程检测。
（1）检测分析。
根据故障现象可以将故障大致锁定在转向灯泡以及相关线路上。

(2) 检测电路图。

需要检测的电路图如图 38-4 所示。

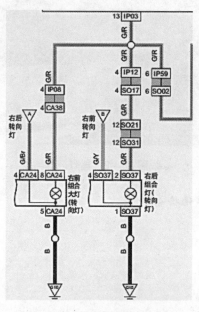

图 38-4 需要检测的电路图

(3) 具体检测过程。

故障诊断与排除准备工作完毕之后，具体诊断过程如图 38-5~图 38-9 所示。

图 38-5 车辆下电，断开低压电源负极

图 38-6 断开高压连接部件，静置 5 min

项目三十八　线路故障引起转向灯应急模式加速闪烁

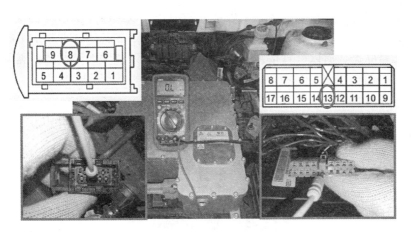

图38-7　测量CA24/8与IP03/13间电阻（无穷大）

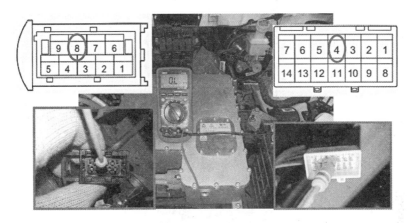

图38-8　测量CA24/8与CA38/4间电阻（无穷大）

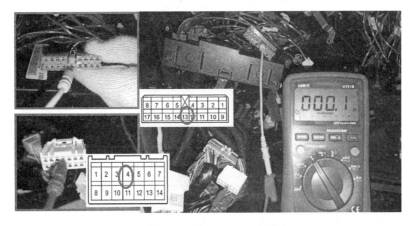

图38-9　测量IP08/4与IP03/13间电阻（0.1Ω）

5. 该故障检测流程的进一步说明

此故障现象为转向开关活动后，仪表转向指示灯加速闪烁处于应急模式，右后转向灯灯泡以及右后视镜转向灯点亮的情况下闪烁频率加快，数据流显示情况也说明转向开关元件处于正常状态且能够正常发送请求指令，对于元件的异常点亮说明 BCM 的 IP03/13 线到节点之前为正常状态，所以可直接判断右前转向灯元件及相关线路故障，无须进行动作测试，故障点电路图如图 38-10 所示。

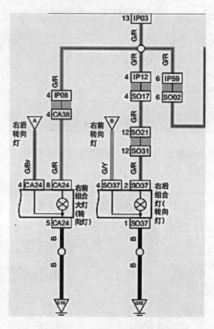

图 38-10 故障点所在图例

线路故障引起转向灯应急模式加速闪烁

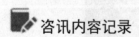 咨讯内容记录

实测分析与数据补充

项目三十九　元件损坏与线路供电故障引起近光灯不亮

依据"仪表显示 READY，当打到近光灯时，近光灯不亮"故障现象，分析电路图，掌握故障分析过程。

查阅近光灯对应电路图，分析该故障诊断流程。

考察学生应对故障现象时能否准确排除相应的组合故障。

 故障分析过程

1. 故障现象

2017 款吉利帝豪 EV300，其故障现象为：仪表显示 READY，当打到近光灯时，近光灯不亮。故障现象如图 39-1~图 39-5 所示。

图 39-1　大灯近光处于"打开"状态　　　图 39-2　大灯远光处于"打开"状态

图39-3 前大灯元件处于熄灭状态

注：拨动近光灯开关、远光开关时，灯光元件均不亮，远光灯在近光灯亮的基础的上才能点亮。

图39-4 在抬动大灯闪动开关时，左右大灯均无法正常点亮

2. 模块通信状态及故障码检查

(1) 故障码文字描述。

无相关故障码。

(2) 故障诊断仪显示。

无相关故障码。

(3) 相关数据流文字描述。

无相关数据流。

(4) 相关数据流故障诊断仪显示。

无相关数据流。

(5) 相关动作测试故障诊断仪显示图，如图39-5所示。

3. 确认故障范围

近光灯开关、灯光线路，两侧大灯近光元件及相关熔断器、继电器。

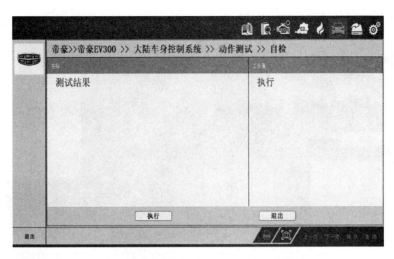

图 39-5　诊断仪动作测试指令已执行

4. 检测流程

根据故障范围分步骤进行线路流程检测。

（1）检测分析。

测量开关处线路电压值是否正常，测量 ER02 相关线路以及元件，测量灯光元件及相关线路。

（2）检测电路图。

需要检测的电路图如图 39-6、图 39-7 所示。

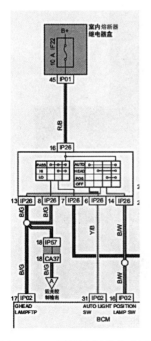

图 39-6　需要检测的电路图

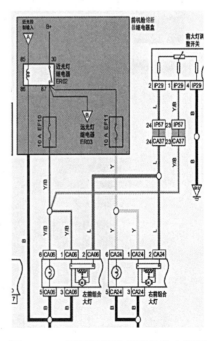

图 39-7　需要检测的灯光元件电路图

（3）具体检测过程。

故障诊断与排除准备工作完毕之后，具体诊断过程如图39-8~图39-19所示。

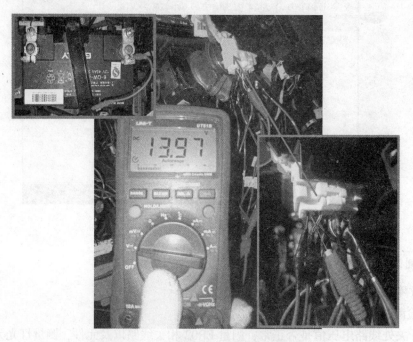

图39-8　测量IP26/8到搭铁间电压

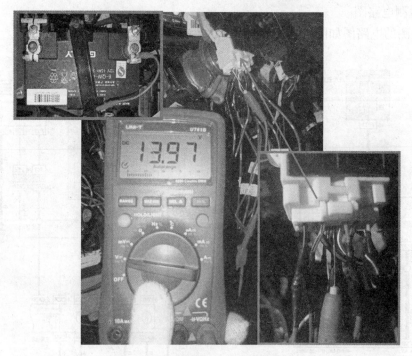

图39-9　测量IP26/13到搭铁间电压

图 39-10　车辆下电，断开低压电源负极

图 39-11　断开高压连接部件，静置 5 min

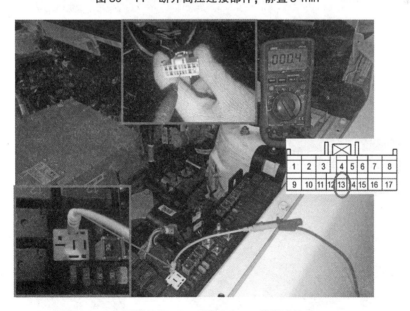

图 39-12　测量 ER02/85 到 IP26/13 线间电阻（0.4 Ω）

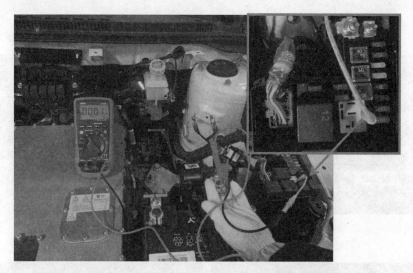

图39-13 测量ER02/86到搭铁间电阻（0.1Ω）

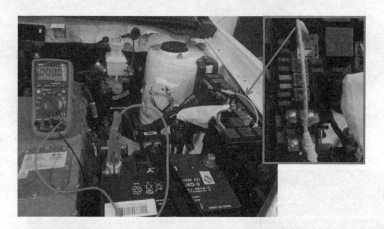

图39-14 测量ER02/30到B+间电阻（0.0Ω）

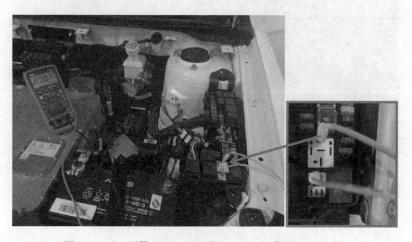

图39-15 测量ER02/87到ER03/3间电阻（0.1Ω）

项目三十九　元件损坏与线路供电故障引起近光灯不亮

图 39-16　测量 ER02/87 到 EF11 输入端间电阻 (0.0 Ω)

图 39-17　测量 ER02/87 到 EF10 输入端间电阻 (0.0 Ω)

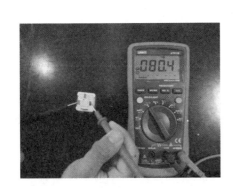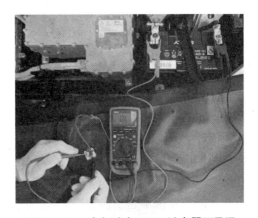

图 39-18　对 ER02 进行静态测试　　　图 39-19　动态测试 ER02 继电器不导通

5. 进一步验证故障现象

(1) 继电器故障排除后，故障现象如图39-20所示。

图39-20 驾驶员侧近光灯点亮

6. 模块通信状态及故障码检查

(1) 故障码文字描述。
无相关故障码。
(2) 故障诊断仪显示。
无相关故障码。
(3) 相关数据流文字描述。
无相关数据流。
(4) 相关数据流故障诊断仪显示图片。
无相关数据流。

7. 确认故障范围

灯光线路，右侧大灯近光元件及相关熔断器。

8. 检测流程

根据故障范围分步骤进行线路流程检测。
(1) 监测分析。
根据故障范围分步骤进行线路流程检测。测量灯光元件及相关线路、熔断器。
(2) 检测电路图。
需要检测的电路图如图39-21所示。
(3) 具体检测过程。
故障诊断与排除准备工作完毕之后，具体诊断过程如图39-22～图39-28所示。

项目三十九　元件损坏与线路供电故障引起近光灯不亮

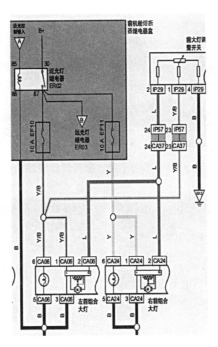

图39-21　需要检测的电路图

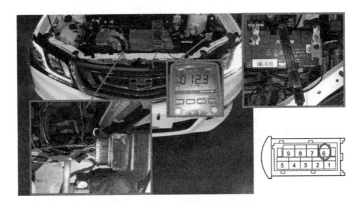

图39-22　背插测量CA24/6与搭铁间电压（异常时电压0 V）

图39-23　背插测量CA24/6与搭铁间电压（正常时电压13 V）

图 39-24　车辆下电，断开低压电源负极

图 39-25　断开高压连接部件，静置 5 min

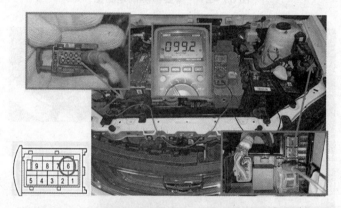

图 39-26　测量 CA24/6 与 EF11 输出端间电阻（99.2Ω）

图 39-27　测量 CA24/5 与搭铁间电阻（0.1 Ω）

项目三十九　元件损坏与线路供电故障引起近光灯不亮

图 39-28　目测 EF11 熔断器元件，校准万用表后测量导通

9. 该故障检测流程的进一步说明

该故障为灯光组合故障，初步故障现象为：两侧大灯均不亮，通过动作测试后发现前大灯均不亮，因此将故障范围锁定在继电器供电线路部分和灯光元件上，经过测量灯光组合开关的背插电压发现为正常的工作电压，经过进一步排查，将故障锁定在 ER02 继电器本身，恢复后打开灯关组合开关，发现右侧近光灯处于单侧不亮状态，此时无须进行数据流检测和动作测试，故障范围锁定在右侧组合大灯元件、相关线路、熔断器及搭铁线路，故障点确定：CA24/06 线路电阻值过大，故障点如图 39-29 所示。

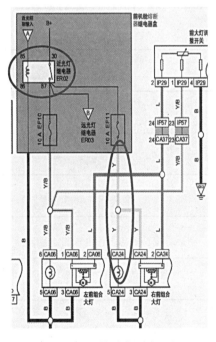

图 39-29　故障点所在图例

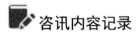咨讯内容记录

📝 实测分析与数据补充

项目四十　线路与元件故障引起远光灯常亮

依据"车辆未上电时,仪表不亮,右侧远光灯常亮"故障现象,分析电路图,掌握故障分析过程。

查阅该故障现象对应电路图,确定故障诊断流程。

当无法借助诊断仪器时,根据故障现象进行检测并排除车身故障。

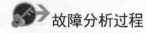 故障分析过程

1. 故障现象

2017 款吉利帝豪 EV300,其故障现象为:车辆未上电时,仪表不亮,右侧远光灯常亮。故障现象图 40-1、图 40-2 所示。

图 40-1　车辆未上电状态

图 40-2　驾驶员右侧车灯常亮

2. 模块通信状态及故障码检查

（1）故障码文字描述。

无相关故障码。

（2）故障诊断仪显示。

无相关故障码。

（3）相关数据流文字描述。

无相关数据流。

（4）相关数据流故障诊断仪显示。

无相关数据流。

3. 确认故障范围

远光灯线路、熔断器元件以及继电器元件。

4. 检测流程

根据故障范围分步骤进行线路流程检测。

（1）检测分析。

根据故障异常现象逐步依次判断灯光元件、开关元件及相关线路情况。

（2）检测电路图。

需要检测的电路图如图40-3所示。

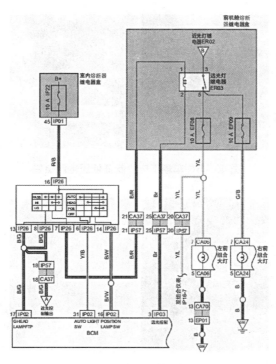

图40-3　需要检测的电路图

(3) 具体检测过程。

故障诊断与排除准备工作完毕之后,具体诊断过程如图 40-4～图 40-8 所示。

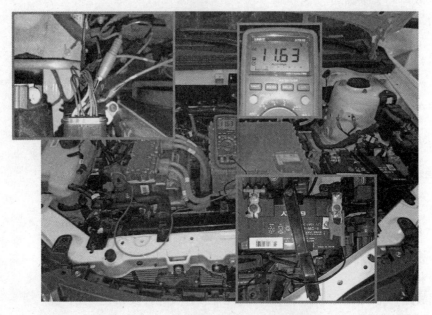

图 40-4　未上电背插测 CA24/7 到负极间电压

图 40-5　车辆下电,断开低压电源负极

图 40-6　断开高压连接部件,静置 5 min

图 40-7　测量 EF09 输出端到 B+ 间电阻（0.3 Ω）

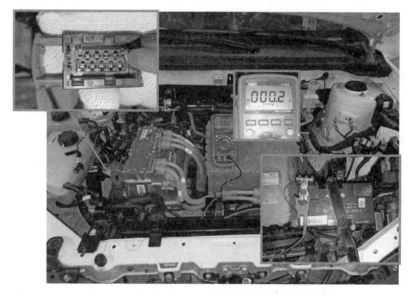

图 40-8　测量 CA24/7 到 B+ 间电阻（对正极短路）

排除故障上电后打开灯光组合开关，拨动至远光位置，仍不能解决上述问题。

5. 进一步故障现象确认

（1）打开大灯组合开关，驾驶员侧远光灯不亮，故障如图 40-9～图 40-11 所示。

图 40-9　远光开关置于"打开"状态　　图 40-10　驾驶员侧远光灯不亮　　图 40-11　远光指示灯显示正常

6. 模块通信状态及故障码检查

(1) 故障码文字描述。

无相关故障码。

(2) 故障诊断仪显示。

无相关故障码。

(3) 相关数据流文字。

无相关数据流。

(4) 相关数据流故障诊断仪显示。

无相关数据流。

7. 确认故障范围

左侧大灯元件、相关线路熔断器以及搭铁。

8. 检测流程

根据故障范围分步骤进行线路流程检测。

(1) 检测分析。

测量灯光元件及相关线路、熔断器。

(2) 检测电路图。

需要检测的电路图如图 40-12 所示。

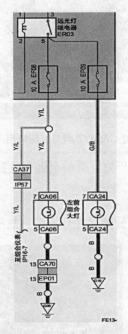

图 40-12 需要检测的电路图

(3) 具体检测过程。

故障诊断与排除准备工作完毕之后，具体诊断过程如图 40-13~图 40-20 所示。

项目四十 线路与元件故障引起远光灯常亮

图 40-13 车辆下电,断开低压电源负极

图 40-14 断开高压连接部件,静置 5 min

图 40-15 测量 CA06/7 到 ER03/5 间电阻

图 40-16　测量 CA06/7 到 EF08 输出端间电阻（导通）

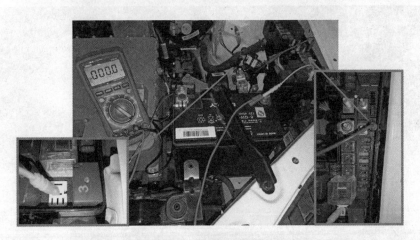

图 40-17　测量 ER03/5 到 EF08 输入端间电阻（导通）

图 40-18　目测 EF08　　　图 40-19　万用表　　　图 40-20　测量 EF08 熔断器
　　　　　熔断器　　　　　　　　　　校准　　　　　　　　　　的导通情况

9. 该故障检测流程的进一步说明

　　此故障为远光灯线路与熔断器元件组合故障，车辆在未上电时右侧大灯处于异常点亮状态，说明本身右侧大灯灯泡处于正常状态，左侧在未上电时为正常熄灭状态，初步断定右侧大灯相关线路与正极发生短路情况,经过电压和电阻的测量结果显示,电压值在未上电时为蓄电池电压,切换电阻法测量时发现右侧大灯 CA24/07 线路与蓄电池正极相导通,处于短路状态,上电后拨动灯光开关后,右侧大灯处于正常状态,而左侧远光处于不亮状态,由此排除灯光开关故障,确定灯光元件的相关线路及熔断器故障,进一步排查中确定故障点为:EF08 熔断器断路,故障点如图 40-21 所示。

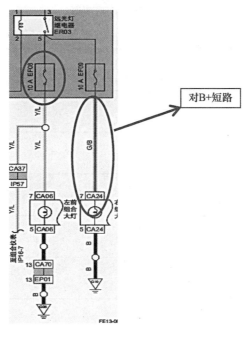

图 40-21 故障点所在图例

线路与元件故障引起远光灯常亮

咨讯内容记录

实测分析与数据补充

项目四十一　线路故障引起的车窗无法升降

依据"车辆正常上电状态下,车窗无法升降"故障现象,分析电路图,掌握故障分析过程。

查阅对应电路图,分析故障电路图,确认故障诊断流程。

主控部分与副控部分的关系以及检测的先后顺序。

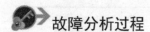

1. 故障现象

2017 款吉利帝豪 EV300,其故障现象为:车辆正常上电状态下,车窗无法升降。故障现象如图 41-1 所示。

2. 模块通信状态及故障码检查

(1) 故障码文字描述。
无相关故障码文字。
(2) 故障诊断仪显示。
无相关故障码。
(3) 相关数据流文字描述。
无相关数据流描述。
(4) 相关数据流故障诊断仪显示。
无相关数据流描述。

项目四十一　线路故障引起的车窗无法升降

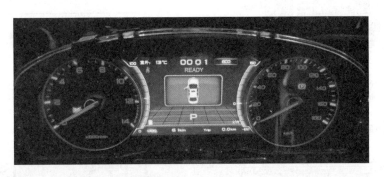

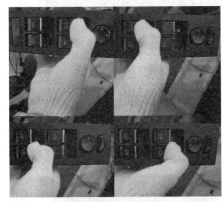 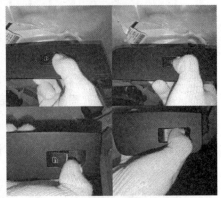

图 41-1　所有车窗均无法升降

3. 确认故障范围

电动车窗控制系统（SO92），电动车窗开关，车窗电机，相关线路，熔断器。

4. 检测流程

根据故障范围分步骤进行线路流程检测。
（1）检测分析。
按照电动车窗控制单元、开关、电机及线路、熔断器依次检测。
（2）检测电路图。
需要检测的电路图如图 41-2 所示。

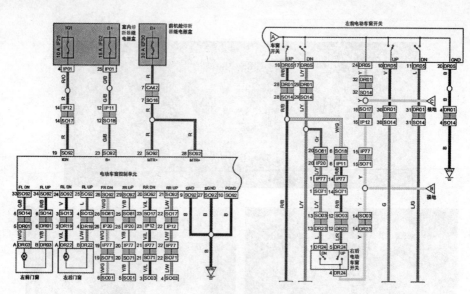

图 41-2 需要检测的电路图

(3) 具体检测过程。

故障诊断与排除准备工作完毕之后,具体诊断过程如图 41-3~图 41-16 所示。

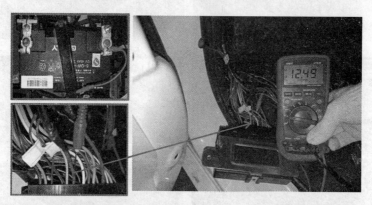

图 41-3 背插测量 SO92/28 到搭铁间电压

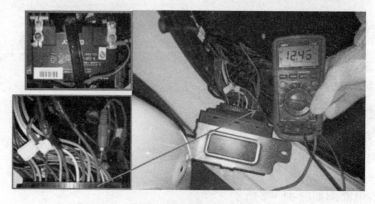

图 41-4 背插测量 SO92/22 到搭铁间电压

项目四十一　线路故障引起的车窗无法升降

图 41-5　背插测量 SO92/19 到搭铁间电压

图 41-6　背插测量 SO92/23 到搭铁间电压

图 41-7　车辆下电，断开低压电源负极

图 41-8　断开高压连接部件，静置 5 min

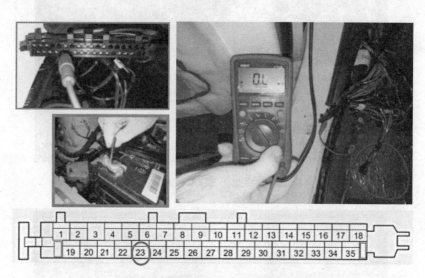

图 41-9 测量 B+ 与 SO92/23 间电阻（无穷大）

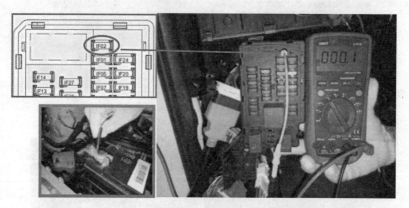

图 41-10 测量 IF02 熔断器输入端到 B+ 间电阻（0.1Ω）

图 41-11 测量 IF02 输出端到 SO92/23 间电阻（无穷大）

项目四十一　线路故障引起的车窗无法升降

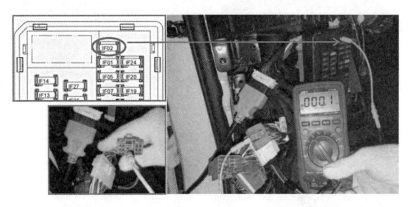

图 41-12　测量 IF02 输出端到 IP11/12 间电阻（0.1 Ω）

图 41-13　测量 SO92/23 到 SO18/12 间电阻（该数值为异常）

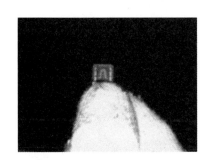

图 41-14　目测 IF02 熔断器

图 41-15　万用表校准

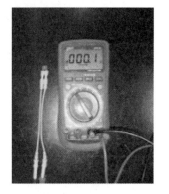

图 41-16　测量 IF02 熔断器的导通

此故障排除以后活动左前侧升降开关故障现象仍然存在。

5. 进一步确认故障现象

故障现象如图 41-17 所示。

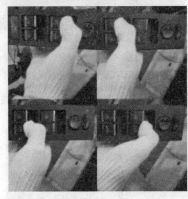
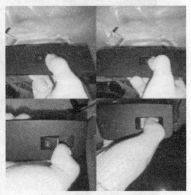

图41-17 拨动左前主控开关时，左前车窗正常升降，右前车窗无法上升，左后车窗无法上升允许下降，右后车窗正常升降。各车窗单独开关，除左后车窗无法升降外，其余车窗均正常工作

6. 模块通信状态及故障码检查

（1）故障码文字描述。
无相关故障码。
（2）故障诊断仪显示图片。
无相关故障码。
（3）相关数据流文字描述。
无相关数据流。
（4）相关数据流故障诊断仪显示。
无相关数据流描述。

7. 确认故障范围
主控开关，单独控制开关以及相关线路，车窗控制单元，相关控制线路。

8. 检测流程
根据故障范围分步骤进行线路流程检测。
（1）检测分析。
左后车窗处于操作主控开关和单独开关均无法工作状态，首先针对左后车窗系统进行检测排查，随后进行其他车窗的故障检测。

（2）检测电路图。

需要检测的电路图如图 41 – 18 所示。

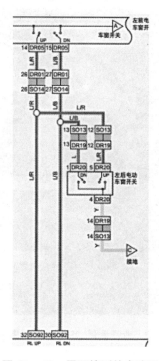

图 41 – 18　需要检测的电路图

（3）具体检测过程。

故障诊断与排除准备工作完毕之后，具体诊断过程如图 41 – 19 ~ 图 41 – 30 所示。

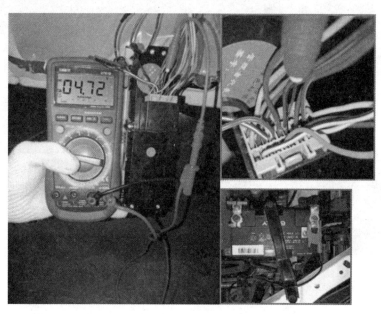

图 41 – 19　背插测量 DR05/15 到搭铁间电压

图 41-20　背插测量 DR05/14 到搭铁间电压

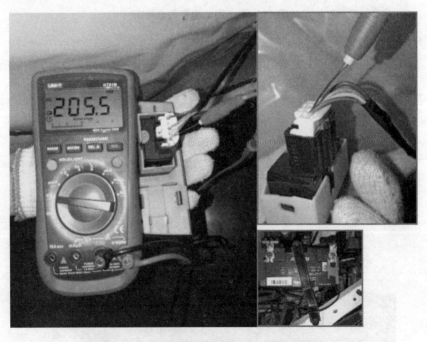

图 41-21　背插测量 DR20/5 到搭铁间电压

项目四十一　线路故障引起的车窗无法升降

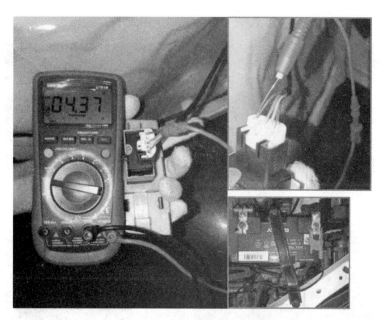

图 41-22　背插测量 DR20/1 到搭铁间电压

图 41-23　背插测量 SO92/32 到搭铁间电压

图 41-24　背插测量 SO92/30 到搭铁间电压

图 41-25 车辆下电，断开低压电源负极

图 41-26 断开高压连接部件，静置 5 min

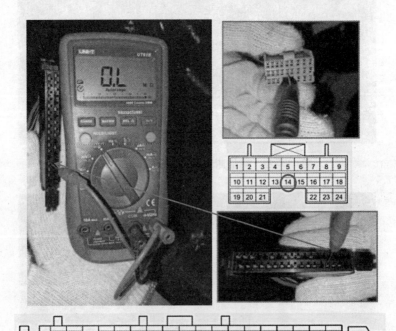

图 41-27 测量 DR05/14 到 SO92/32 间电阻

项目四十一　线路故障引起的车窗无法升降

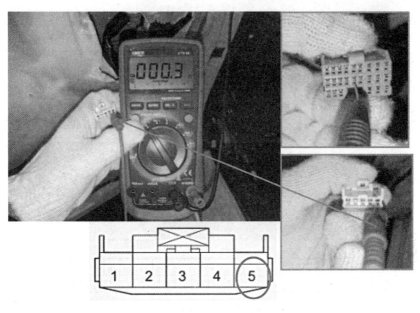

图 41-28　测量 DR05/14 到 DR20/5 间电阻

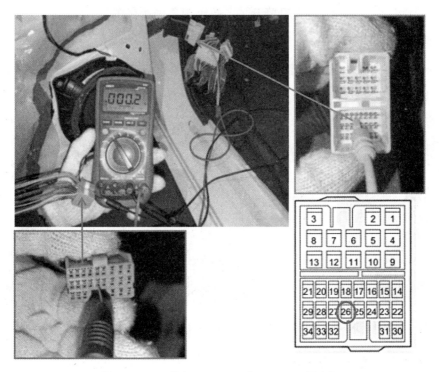

图 41-29　测量 DR05/14 到 DR01/26 间电阻

图 41-30 测量 SO14/26 到 SO92/32 间电阻（为故障点）

此故障排除以后，活动左前侧升降开关，故障现象仍然存在。

9. 故障现象

主控开关无法控制右前门窗上升，右前门窗开关可正常操作门窗升降。故障现象如图 41-31 ~ 图 41-34 所示。

图 41-31 主控开关操作　　图 41-32 右前门窗上升　　图 41-33 右前门窗下降

10. 模块通信状态及故障码检查

（1）故障码文字描述。

无相关故障码。

图 41-34　主控开关升降时右前车窗无法上升，右前车窗控制开关控制车窗升降正常

（2）故障诊断仪显示。

无相关故障码。

（3）相关数据流文字描述。

无相关数据流。

（4）相关数据流故障诊断仪显示。

无相关数据流。

11. 确认故障范围

主控开关相关线路。

12. 检测流程

根据故障范围分步骤进行线路流程检测。

（1）检测分析。

测量主控开关到右前车窗开关线路。

（2）检测电路图。

需要检测的电路图如图 41-35 所示。

（3）具体检测过程。

故障诊断与排除准备工作完毕之后，具体诊断过程如图 41-36 ~ 图 41-42 所示。

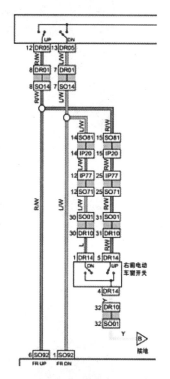

图 41-35　需要检测的电路图

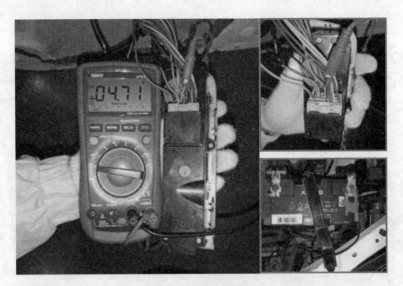

图 41-36　背插测量 DR05/13 电压

图 41-37　背插测量 DR05/12 电压

图 41-38　车辆下电，断开低压电源负极

图 41-39　断开高压连接部件，静置 5 min

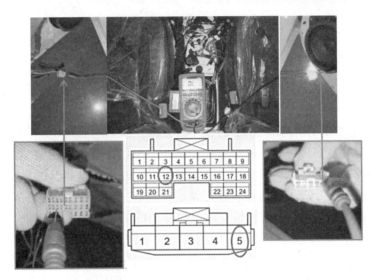

图 41-40　测量 DR05/12 到 DR14/5 间电阻（无穷大）

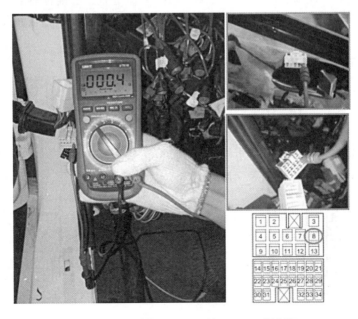

图 41-41　测量 SO14/8 到 DR14/5 间电阻

图 41-42　测量 DR05/12 到 DR01/8 间电阻

13. 该故障检测流程的进一步说明

此故障为电动车窗组合故障，四扇车窗在上电的情况下操作开关后，均无任何动作迹象，首先怀疑车窗控制单元供电、搭铁线路及熔断器元件出现故障，实际测量过程当中测得 B+电源电压值为 0 V，通过电阻法测得 SO92/23 到 SO18/12 间线路电阻无穷大，为断路故障。

此故障恢复以后，右后门窗主控及单独控制开关工作正常，说明电动车窗控制单元和左前控制开关的控制线路均为正常状态；经过测试发现左后车窗的开关以及主控制的左后车窗开关操作车窗无法升降，由此将故障点锁定在左前主控车窗开关，左后车窗开关，电动车窗控制单元以及相关线路；在背插左前主控开关的 DR05/14 线路时测得 0 V 电压，正常值为 5 V，背插 DR20/5 线电压时同上。测得电动车窗的控制单元 SO92/32、SO92/30 电压为 5 V 正常电压，电动车窗控制单元工作正常。利用导通法测量左前主控开关到左后控制开关为正常导通状态，左前主控开关到车窗控制模块之间为线路断路故障。

以上故障恢复后，左前主控开关无法控制右前车窗上升，右前控制开关操作车窗正常升降，说明控制单元及右前车窗控制开关为正常状态，故障范围锁定在左前主控开关及相关线路，分段测量后锁定故障点如图 41-43 所示。

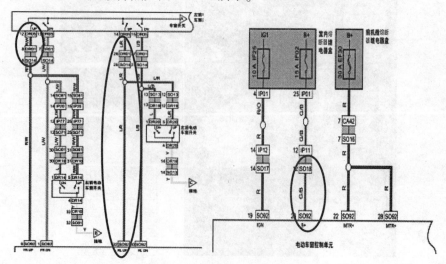

图 41-43　故障点所在图例

咨讯内容记录

实测分析与数据补充

项目四十二　线路故障引起刮水器不能正常工作

依据"低压系统上电后，操纵刮水器开关，各挡位均无法工作"故障现象，分析电路图，掌握故障分析过程。

查阅故障对应电路图，分析故障诊断流程。

掌握刮水器工作的先后顺序及故障诊断时的先后顺序。

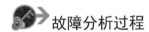

1. 故障现象

2017 款吉利帝豪 EV300，其故障现象为：低压系统上电后，操纵刮水器开关，各挡位均无法工作。故障现象如图 42 - 1 ~ 图 42 - 5 所示。

图 42 - 1　低速挡

图 42 - 2　高速挡

图 42 - 3　间歇挡

图 42-4 仪表显示状态

图 42-5 刮水器状态

2. 模块通信状态及故障码检查

（1）故障码文字描述。

无相关故障码。

（2）故障诊断仪显示。

无相关故障码图片。

（3）相关数据流文字描述。

无相关数据流。

（4）相关数据流故障诊断仪显示。

无相关数据流。

3. 确认故障范围

刮水器开关、电机、BCM 及相关线路。

4. 检测流程

根据故障范围分步骤进行线路流程检测。

（1）检测分析。

根据供电、搭铁顺序依次测量。

(2) 检测电路图。

需要检测的电路图如图 42-6 所示。

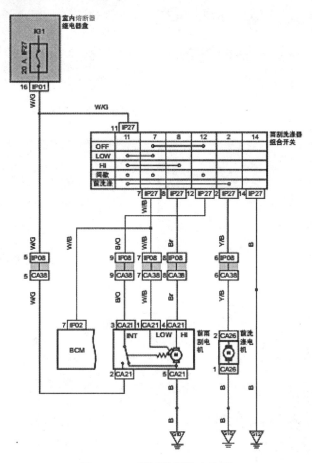

图 42-6 需要检测的电路图

(3) 具体检测过程。

故障诊断与排除准备工作完毕之后，诊断过程如图 42-7 ~ 图 42-11 所示。

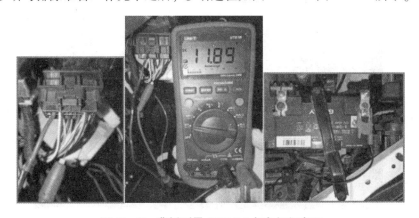

图 42-7 背插测量 IP27/11 与负极间电压

图42-8 车辆下电,断开低压电源负极

图42-9 断开高压连接部件,静置5 min

图42-10 测量 IP27/14 到外界搭铁间电阻

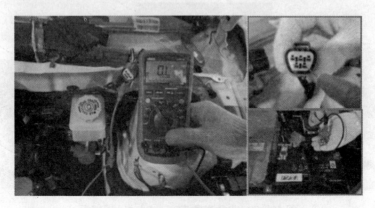

图42-11 测量 CA21/5 到外界搭铁间电阻

此时判断搭铁线路断路,此故障排除以后,操作左前侧升降开关故障现象仍然存在。

5. 进一步确认故障现象

低压上电后,拨动刮水器开关,间接、低速均正常,高速时刮水器无法工作且无法回位,故障现象如图 42-12 所示。

图 42-12　刮水器元件高速不工作且无法回位

6. 模块通信状态及故障码检查

(1) 故障码文字描述。

无相关故障码。

(2) 故障诊断仪显示图片。

无相关故障码图片。

(3) 相关数据流文字描述。

无相关数据流。

(4) 相关数据流故障诊断仪显示。

无相关数据流。

7. 确认故障范围

刮水器开关高速挡位相关线路、开关元件。

8. 检测流程

根据故障范围分步骤进行线路流程检测。

(1) 检测分析。

测量开关至电机线路。

(2) 检测电路图。

需要检测的电路图如图 42-13 所示。

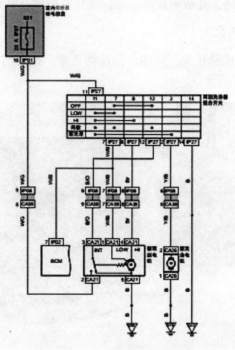

图 42-13 需要检测的电路图

(3) 具体检测过程。

故障诊断与排除准备工作完毕之后,诊断过程如图 42-14~图 42-20 所示。

图 42-14 背插测量 IP27/8 与搭铁间电压

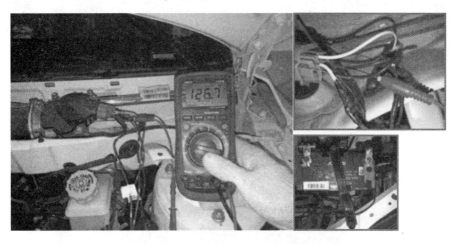

图 42-15 背插测量 CA21/4 与搭铁间电压

图 42-16 车辆下电,断开低压电源负极

图 42-17 断开高压连接部件,静置 5 min

图 42-18　测量 IP27/8 到 CA21/4 间电阻

图 42-19　测量 CA38/8 到 CA21/4 间电阻

图 42-20　测量 IP27/8 到 IP08/8 间电阻

9. 该故障检测流程的进一步说明

该故障为刮水器组合故障，低压上电的条件下，打开刮水器组合开关后，刮水器无工作迹象，故障范围锁定在搭铁线路、供电线路，经排查后锁定故障点为搭铁线路断路故障。

搭铁故障恢复后，进一步查看故障现象时，发现间歇挡位以及低速挡位均为正常工作状态，高速挡位拨动后刮水器无动作，上电过程中背插 IP27/8 线时，电压值为 12 V，说明刮水器开关以上部分处于正常供电状态，电机端（高速线路）电压值为 0 V，故障范围进一步缩小到 IP27/8 线到 CA21/4 线之间，故障点如图 42-21 所示。

项目四十二 线路故障引起刮水器不能正常工作

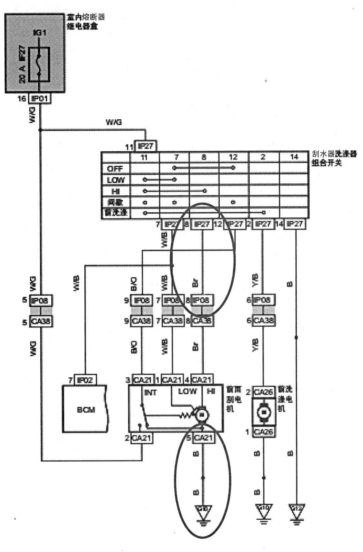

图 42-21 故障点所在图例

线路故障引起刮水器不能正常工作

咨讯内容记录

实测分析与数据补充

综合故障诊断与排除篇

综合故障诊断与排除篇主要涉及十个综合项目，每个项目涉及若干个故障，每个项目涉及整个故障诊断的流程分析，每个故障排除的过程分析，具备典型性分析。

综合故障诊断与排除项目设计，根据车辆所表现出的车辆无法解锁、方向盘无法上锁或者车辆无法起动、整车动力系统故障、空调故障、交流充电故障等一系列故障现象，合理分析每一阶段可能引起的故障原因，结合相关电路图册，按照车辆的上电、充电顺序进行故障排查。

项目四十三　典型综合故障诊断分析（一）

根据"车辆所表现出的车辆无法解锁、方向盘无法上锁、整车动力系统故障、空调故障、交流充电故障"等一系列故障现象，合理分析每一阶段可能引起的故障原因，结合相关电路图册按照车辆的上电、充电顺序进行故障排查。

综合故障现象的观察，分析故障诊断流程。

对于故障排查的先后顺序，构建典型故障的综合分析思路图。

综合故障分析过程

1. 初次验车时故障现象

（1）车辆无法起动，仪表灯不亮，PEPS、STOP按钮供电正常。
（2）遥控钥匙无法解锁，方向盘无法锁止。

2. 动力系统故障现象

排除及修复第一个故障现象后，车辆尝试上电，仪表点亮，READY灯不亮，动力系统故障灯不亮。

3. 舒适系统故障现象

排除及修复上述两个故障后，出现空调无法正常工作、有制冷无制热现象。

4. 交流充电故障现象

排除及修复上述三个故障后，出现以下故障现象：
(1) 桩端无法刷卡，仪表显示充电枪已连接。
(2) 插入充电枪后，充电口正常闪烁 4 下后变为红色常亮。

5. 故障分析的具体思路

依据典型的故障现象，按照综合故障的低压上电、高压上电、交流充电等步骤确定具体的分析流程，设计整个综合故障分析图。

针对上述综合故障，首先判断与故障现象一致的低压供电系统是否正常，主要涉及低压控制分析，经测量低压控制端正常。下一阶段分析可能构成这一故障现象的综合原因，针对 CAN 线、LIN 线等通信线路的分析后，确定了 B CAN 网络以及方向盘锁止通信线路两个方面的故障叠加构成的最初故障现象（具体参考项目二十七、项目二十八）。

随后尝试上电，仪表既未显示"READY"，也未提示故障，说明车辆在尝试起动时未成功上高压电，并且起动继电器属于常开触点式启动继电器，在尝试吸合的瞬间由于速度过快，中央控制模块无法在短时间内接收到故障信号，因此产生无码故障。

车辆正常上电并且仪表显示"READY"，尝试测试空调等舒适系统的工作状况，针对舒适系统的故障排查，着重借助相关电路图册以及项目二十五的具体检测过程进行进一步的说明。

车辆上电及舒适系统内的故障均排查完毕以后再查看相应的充电系统故障，此先后顺序不可颠倒。（具体检测过程参考项目十九、项目二十）

每排除一个故障，都须佩戴绝缘手套恢复各类检测插件，保证高压接头安装牢固，检查挡位以及确认周边安全，起动车辆试车、清码、读码，确保不会有重复或历史故障干扰判断，并且能准确读取出最新的相关故障代码。以上高压不上电故障排除完毕后，再进行车身、舒适系统故障排除。

针对以上典型综合故障形成的分析思路如图 43-1 所示。

项目四十三　典型综合故障诊断分析（一）

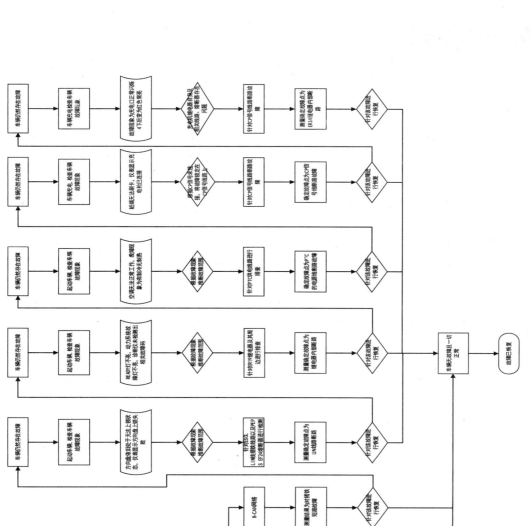

图 43-1　典型综合故障形成的分析思路

359

📝 咨讯内容记录

项目四十三　典型综合故障诊断分析（一）

实测分析与数据补充

项目四十四　典型综合故障诊断分析（二）

根据"车辆所表现出的车辆无法起动、方向盘无法上锁、整车动力系统故障、空调及相关的执行元件故障、交流充电故障"等一系列故障现象，合理分析每一阶段可能引起的故障原因，结合相关电路图册按照车辆的上电、充电顺序进行故障排查。

综合故障现象的观察，分析故障诊断流程。

对于某个系统里的故障当中又包含着子故障这一类型，能够合理分析，并且按照故障诊断逻辑由浅入深、由表及里地进行故障排除。

 综合故障分析过程

1. 初次验车时故障现象

车辆无法起动，仪表提示"方向盘上锁失败"，STOP 按钮供电正常。

2. 动力系统故障现象

排除及修复第一个故障后，车辆尝试上电，整车鸣笛报警，动力系统故障灯点亮。

4. 舒适系统故障现象

排除及修复第二个故障后，打开空调，体感无风且无制冷、无制热，无法正常工作。

4. 交流充电故障现象

排除及修复第三个故障后，桩端无法刷卡，仪表显示充电枪未连接。

5. 故障分析的具体思路

依据典型的故障现象，按照综合故障的低压上电、高压上电、交流充电等步骤确定具体的分析流程，设计整个综合故障分析图。

针对上述综合故障，首先根据初次验车时车内仪表的安全提示，将故障范围缩小在转向柱锁（ESCL）及相关电源上，下一阶段依据分析可能构成这一故障现象的相关原因，针对转向柱锁的信号、供电线路进行分析后，确定了供电线路故障构成了最初的故障现象（具体参考项目二十七）。

随后尝试上电，仪表"READY"不亮，仪表提示动力故障灯点亮并伴随车辆自身的鸣笛报警。借助诊断仪器进一步锁定故障范围，除 PEPS 模块以外，其他关于动力系统诊断模块一概无法进入（具体参考项目二十六），需要根据能读取到的故障代码进行优先排除，诊断顺序必须首先排除 PEPS 所引起的车辆鸣笛报警的故障，电机控制器的故障才会在诊断仪器上读取出来（具体参考项目十一）。针对动力系统所包含的 PEPS 信号线路以及电机控制器电源线路的故障点进行有序排除。

车辆正常上电并且仪表显示"READY"，尝试测试空调等舒适系统的工作状况，按动空调面板按钮后，并未感受到有吹风现象，面板供电通信正常，诊断仪并未读取到相关故障码，根据当前现象将可疑故障点锁定在执行元件鼓风机上，经排查确定鼓风机熔断器烧坏。在排除鼓风机故障后，空调工作时，体感只有自然风的温度，此时借助诊断仪器和电路图册进一步深入排查到 ER13（热管理继电器）及相关熔断器、线路。由于故障现象为既无制热也无制冷，因此并不需要分开排查，只需根据电路图册排查 PTC 及压缩机共用的继电器和供电线路及熔断器元件即可。

车辆上电及舒适系统内的故障均排查完毕以后再进行查看相应的充电系统故障，此先后顺序不可颠倒（具体检测过程参考项目十八）。

每排除一个故障，都须佩戴绝缘手套恢复各类检测插件，保证高压接头安装牢固，检查挡位以及确认周边安全，起动车辆试车、清码、读码，确保不会有重复或历史故障干扰判断，并且能准确读取出最新的相关故障代码。以上高压不上电故障排除完毕后，再进行排除车身、舒适系统故障。

针对以上典型综合故障形成的分析思路如图 44-1 所示。

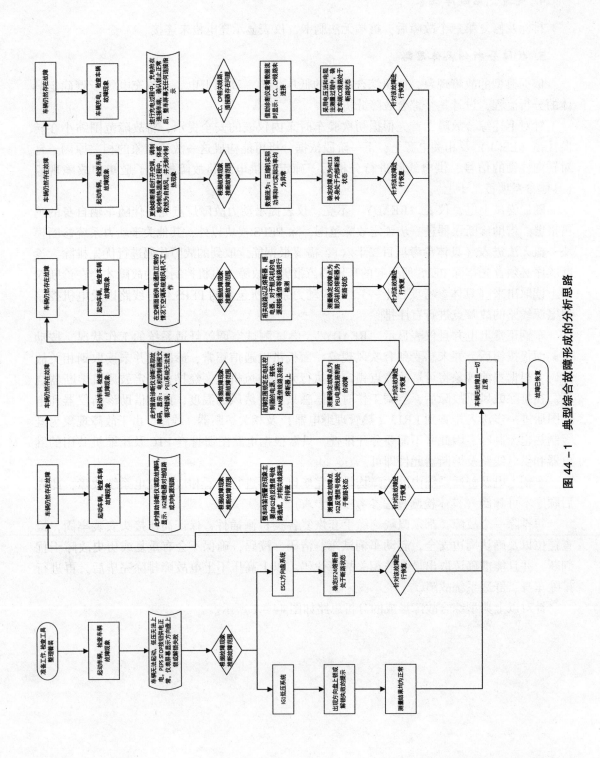

图 44-1 典型综合故障形成的分析思路

项目四十四　典型综合故障诊断分析（二）

📝 咨询内容记录

实测分析与数据补充

项目四十五　典型综合故障诊断分析（三）

根据"车辆所表现出的车辆无法起动、低压无法上电、整车动力系统故障、空调及相关的执行元件故障、交流充电故障"等一系列故障现象，合理分析每一阶段可能引起的故障原因，结合相关电路图册按照车辆的上电、充电顺序进行故障排查。

综合故障现象的观察，分析故障诊断流程。

教学重点、难点

遵循车辆上电的工作顺序及原理进行故障诊断。

综合故障分析过程

1. 初次验车时故障现象

车辆无法起动，低压无法上电，PEPS STOP 按钮供电正常。

2. 动力系统故障现象

排除及修复第一个故障现象后，ACC 位置时，动力系统故障灯点亮，ON 位置时，"READY"不亮，动力系统故障灯不亮。

3. 舒适系统故障现象

排除及修复两个后，打开空调，体感自然风。

4. 交流充电故障现象

排除及修复三个故障现象后，桩端无法刷卡，仪表显示充电枪未连接。

5. 故障分析的具体思路

依据典型的故障现象，按照驾驶员操作车辆顺序进行，首先按照一键起动按钮的操作步骤确定具体的分析流程，设计整个综合故障分析图。

针对上述综合故障，首先根据初次验车时 STOP 按钮指示灯处于绿色接通状态，将故障范围缩小在低压控制模块及相关电源上，下一阶段依据分析可能构成这一故障现象的相关原因，针对 IG1 的信号、电源线路进行分析后，确定了电源线路故障构成了最初的故障现象（具体检测过程参考项目七）。

随后尝试上电，一键起动 ACC 位置时，仪表"READY"不亮，仪表提示动力故障灯点亮，说明车辆在还没有上高压电的过程中就已检测到含有相关动力系统的故障产生，借助诊断仪器进一步锁定故障范围，整车控制系统读取到 BMS（电池管理系统）相关故障代码，BMS 模块无法进入诊断系统，经排查后确定并排除了 BMS 电源线路的断路故障。

车辆再次尝试上电，此时 ACC 挡位已准备就绪。踩下制动踏板后再次按下一键起动键（ON 键），尝试高压上电，发现起动按钮提示灯由原来的绿色变为红色状态，仪表"READY"灯不亮，控制器没有检测到制动信号（具体检测过程参考项目二十五，IP05/03 线断路故障）。

车辆正常上电并且仪表显示"READY"，尝试测试空调等舒适系统的工作状况，按动空调面板按钮后，面板供电通信正常，体感自然风，根据当前现象将可疑故障点锁定在 ER13 热管理继电器和 RE20 主继电器及其两者的相关线路、熔断器元件上，进一步区分具体哪个继电器及线路或熔断器元件存在故障，则需要借助诊断仪进行故障码读取，经读取相关故障码以后，排查确定主继电器元件的烧坏是造成体感为自然风的原因。在主继电器故障排除后，空调工作时只制热但不制冷，此时借助诊断仪器和电路图册进一步深入排查到压缩机供电控制等相关线路。

车辆上电及舒适系统内的故障均排查完毕后再查看相应的充电系统故障，此先后顺序不可颠倒（具体检测过程参考项目十八）。

每排除一个故障，都须佩戴绝缘手套恢复各类检测插件，保证高压接头安装牢固，检查挡位以及确认周边安全，起动车辆试车、清码、读码，确保不会有重复或历史故障干扰判断，并且能准确读取出最新的相关故障代码。以上高压不上电故障排除完毕后，再进行排除车身、舒适系统故障。

针对以上典型综合故障形成的分析思路如图 45-1 所示。

项目四十五 典型综合故障诊断分析（三）

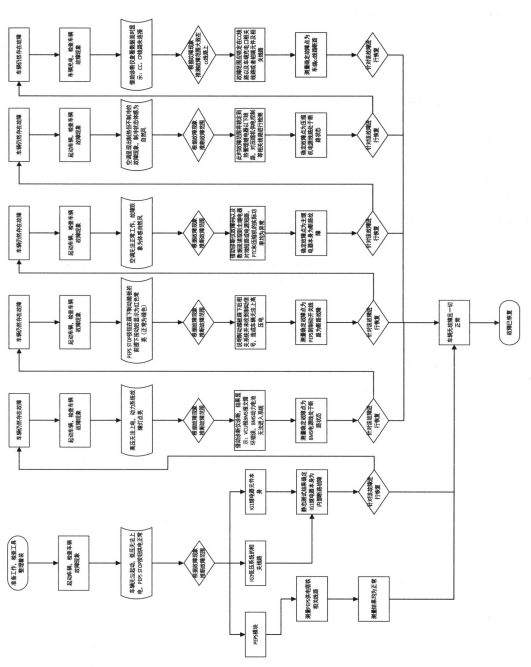

图 45-1 典型综合故障形成的分析思路

咨讯内容记录

实测分析与数据补充

项目四十六　典型综合故障诊断分析（四）

根据"车辆所表现出的车辆无法起动、整车动力系统故障、空调及相关的执行元件故障、交流充电故障"等一系列故障现象，合理分析每一阶段可能引起的故障原因，结合相关电路图册按照车辆的上电、充电顺序进行故障排查。

综合故障现象的观察，分析故障诊断流程。

对车辆低压、高压系统故障检测时，熟练运用电路图册，能够准确找到与其相关的故障点进行分析、排除。

综合故障分析过程

1. 初次验车时故障现象

车辆无法起动，STOP按钮供电正常，仪表无任何显示。

2. 动力系统故障现象

排除及修复第一个故障现象后，车辆尝试上电，动力系统故障灯点亮。

3. 舒适系统故障现象

排除及修复两个故障现象后，打开空调，体感无风且无制冷、无制热，无法正常工作。

4. 交流充电故障现象

排除及修复三个故障现象后，桩端无法刷卡，仪表显示充电枪未连接。

5. 故障分析的具体思路

依据典型的故障现象，按照综合故障的低压上电、高压上电、交流充电等步骤确定具体的分析流程，设计整个综合故障分析图。

针对上述综合故障，首先根据初次验车时仪表以及STOP按钮现象，大致将故障范围锁定在IG1周边线路及元件，下一阶段依据分析可能构成这一故障现象的相关原因，针对IG1继电器元件及IF25熔断器所控制的相关线路，检测后并未发现故障点，随后查看关于PEPS反馈信号线路与IG1继电器之间的通断情况，测量结果为电阻值无穷大，进行分析后，确定了IG1继电器与PEPS反馈线路故障构成了最初的故障现象。（具体检测线路参考电路图册P141）

随后尝试上电，仪表"READY"灯不亮，动力系统故障灯点亮。借助诊断仪器进一步锁定故障范围，整车控制器（VCU）读取出关于VCU、PEPS、BMS、电机控制器等类似P CAN网络的故障代码，当分别进入与故障代码相关的系统模块时，均显示没有发现故障码，此时站在IG2高压上电的角度进行分析时，基本可以确定故障点范围在向IG2继电器供电的熔断器及线路上，经过测量后发现，EF18供电熔断器烧坏。此故障排除完毕后，尝试上电过程中，动力系统故障灯依然点亮，再次借助诊断仪缩小故障范围，读取出关于高压互锁的故障代码，此时围绕高压互锁回路展开测试即可（相关检测过程参考项目二十二）。

每排除一个故障，都须佩戴绝缘手套恢复各类检测插件，保证高压接头安装牢固，检查挡位以及确认周边安全，起动车辆试车、清码、读码，确保不会有重复或历史故障干扰判断，并且能准确读取出最新的相关故障代码。以上高压不上电故障排除完毕后，再进行车身、舒适系统故障排除。

车辆正常上电并且仪表显示"READY"，尝试测试空调等舒适系统的工作状况，按动空调面板按钮后，并未感受到有吹风现象，面板供电通信正常，诊断仪并未读取到相关故障码，根据当前现象将可疑故障点锁定在执行元件鼓风机上，经排查确定鼓风机熔断器烧坏。在排除鼓风机故障后，空调工作时，只制冷，此时借助诊断仪器和电路图册进一步深入排查PTC及相关熔断器、线路。由于故障现象仅为无法制热，故只需根据电路图册排查PTC供电线路及熔断器元件（具体检测过程参考项目二十四）。

车辆上电及舒适系统内的故障均排查完毕以后再查看相应的充电系统故障，此先后顺序不可颠倒（具体检测过程参考项目十八）。

针对以上典型综合故障形成的分析思路如图46-1所示。

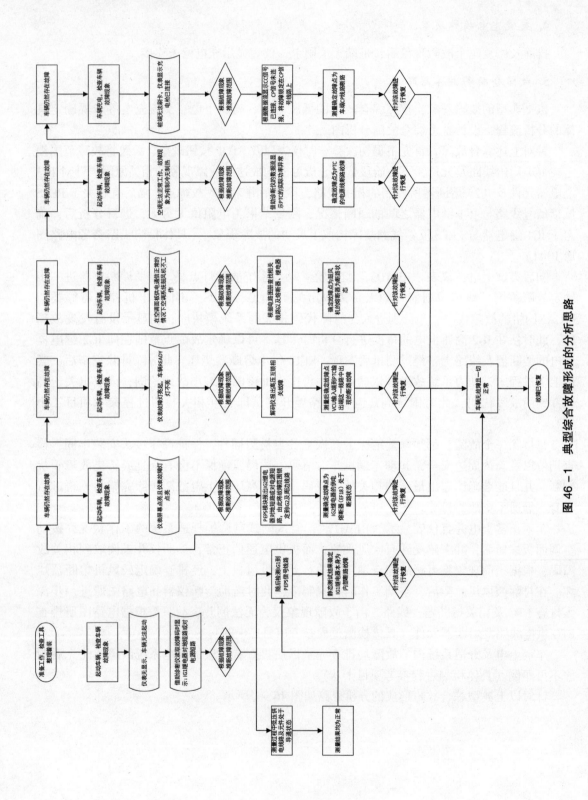

图 46-1 典型综合故障形成的分析思路

项目四十六 典型综合故障诊断分析（四）

咨讯内容记录

实测分析与数据补充

项目四十七　典型综合故障诊断分析（五）

根据"车辆尝试上电过程中所表现出的仪表显示异常、整车动力系统故障、空调及相关的执行元件故障、交流充电故障"等一系列故障现象，合理分析每一阶段可能引起的故障原因，结合相关电路图册按照车辆的上电、充电顺序进行故障排查。

综合故障现象的观察，分析故障诊断流程。

掌握多种故障类型的设置以及相应的排除方式。

故障分析过程

1. 初次验车时故障现象

车辆尝试上电，仪表显示异常，仪表中 P 挡指示灯异常闪烁。

2. 动力系统故障现象

排除及修复第一个故障现象后，车辆尝试上电，动力系统故障灯点亮。

3. 舒适系统故障现象

排除及修复两个故障现象后，车辆上电后，按动空调面板，面板处于无电状态。

4. 故障分析的具体思路

依据典型的故障现象，按照综合故障的高压上电、舒适系统等步骤确定具体的分析流程，设计整个综合故障分析图。

针对上述综合故障，首先根据初次验车时的感受并结合仪表故障现象，大致将故障范围锁定在 P CAN/B CAN，确认是否出现对地短路、对电源短路、线间短路等故障现象，根据诊断仪所提供的相关信息，分析可能构成这一故障现象的相关原因。首先针对 B CAN 网络的相关线路进行分析，确定了 B CAN 网络对地短路这一故障（具体检测过程参考项目二十八）。

随后尝试上电，故障现象依旧，说明 CAN 线网络还有未完全排除的故障存在。借助诊断仪器进一步锁定故障范围，诊断仪读取出相关 P CAN 故障码，此时测得 P CAN 线路上的电压与 B CAN 线路电压相同，经过进一步导通测量后发现，P CAN 线路与 B CAN 线路发生线间短路故障（具体检测过程参考项目三十六）。

以上故障排除完毕后，车辆"READY"灯不亮，动力系统故障灯点亮，车辆无鸣笛报警现象，初步推断与 IG2 系统反馈信号无关，诊断仪读取到关于 IG2 系统的故障码，根据当前现象将可疑故障点锁定在 IG2 继电器元件本身，经排查确定 IG2 继电器内部线圈无法正常吸合。

车辆正常上电，空调面板为无电状态，此时借助诊断仪器和电路图册进一步排查，空调系统显示无法进入（可直接排除空调 CAN 故障），初步将范围锁定在面板的供电、搭铁线路上。经诊断排除，确定了面板电源线路的断路故障，此故障为空调面板相关的线路故障，与 PTC、压缩机均无关系。

每排除一个故障，都须佩戴绝缘手套恢复各类检测插件，保证高压接头安装牢固，检查挡位以及确认周边安全，起动车辆试车、清码、读码，确保不会有重复或历史故障干扰判断，并且能准确读取出最新的相关故障代码。以上高压不上电故障排除完毕后，再进行车身、舒适系统故障排除。

针对以上典型综合故障形成的分析思路如图 47-1 所示。

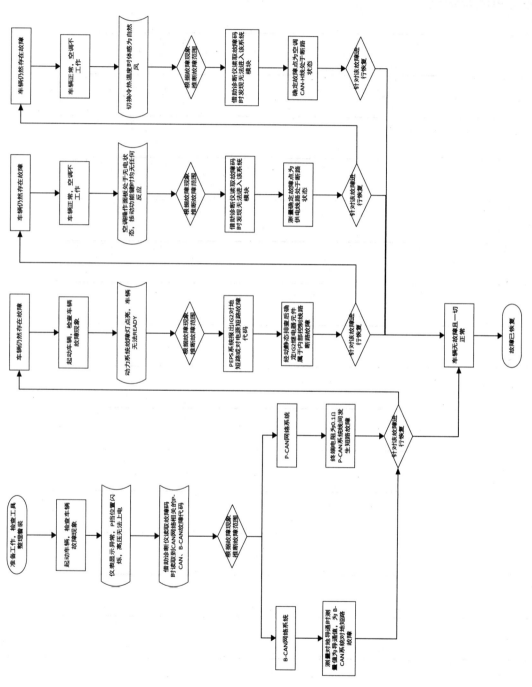

图 47-1 典型综合故障形成的分析思路

咨讯内容记录

项目四十七 典型综合故障诊断分析（五）

实测分析与数据补充

项目四十八　典型综合故障诊断分析（六）

根据车辆尝试上强电的过程中，所表现出的整车动力系统故障现象，车身系统的灯光、车窗故障现象等，合理分析每一阶段可能引起的故障原因，结合相关电路图册进行故障排查。

综合故障现象的观察，分析故障诊断流程。

依据诊断仪器所提供的相关故障信息，针对组合故障点合理有序地进行排除，并且掌握充分利用诊断仪器的检测功能缩小排查范围。

综合故障分析过程

1. 初次验车时故障现象

车辆尝试上电，动力系统故障灯点亮。

2. 灯光系统故障现象

排除及修复第一个故障现象后，车辆上电，两侧大灯在拨动开关时均不亮。

3. 车窗系统故障现象

排除及修复两个故障现象后，主控开关控制的各车门车窗无法升降。

4. 故障分析的具体思路

依据典型的故障现象，按照综合故障的高压上电、辅助系统等步骤确定具体的分析流程，设计整个综合故障分析图。

针对上述综合故障，根据初次验车时故障现象，使用故障诊断仪尝试进入整车控制模块读取相关故障码，系统显示无法进入。根据这一信息，针对 VCU 模块的供电搭铁进行检测，确定 VCU 模块的供电线路处于断路状态（具体检测过程参考项目八），随后再次尝试上电，进入整车控制模块，读取到关于电机控制器和主控制器的两个相关故障。下一阶段将故障范围锁定在电机控制器的搭铁、电源、通信上，依次进行检测（具体检测过程参考项目十二）。主继电器作为同时管控多个模块的控制元件，当系统报出有关于主继电器的故障时，应按照以主继电器为中心、从中间向两端的方式展开排查，主继电器在进行线路以及元件测量时均为正常。主继电器的供电端为 EF20 熔断器，控制端以空调系统为主。EF20 熔断器作为主继电器供电端的同时又处于车载充电机的唯一供电线路上，此时通过诊断仪尝试进入车载充电机模块，发现无法进入该模块系统。下一阶段，对 EF20 熔断器元件进行目测和导通测试，最后确定了 EF20 熔断丝损坏这一故障。

车辆正常上电，仪表显示"READY"，测试车身各系统工作时发现，两侧大灯在拨动开关时均不亮（具体检测过程参考项目三十九）。

灯光故障恢复以后，操作各车窗升降过程中，驾驶室主控车窗开关控制各车门车窗无法升降，其他三扇车窗单独控制均为正常（具体检测过程参考项目四十一）。

每排除一个故障，都须佩戴绝缘手套恢复各类检测插件，保证高压接头安装牢固，检查挡位以及确认周边安全，起动车辆试车、清码、读码，确保不会有重复或历史故障干扰判断，并且能准确读取出最新的相关故障代码。以上高压不上电故障排除完毕后，再进行排除车身、舒适系统故障。

针对以上典型综合故障形成的分析思路如图 48-1 所示。

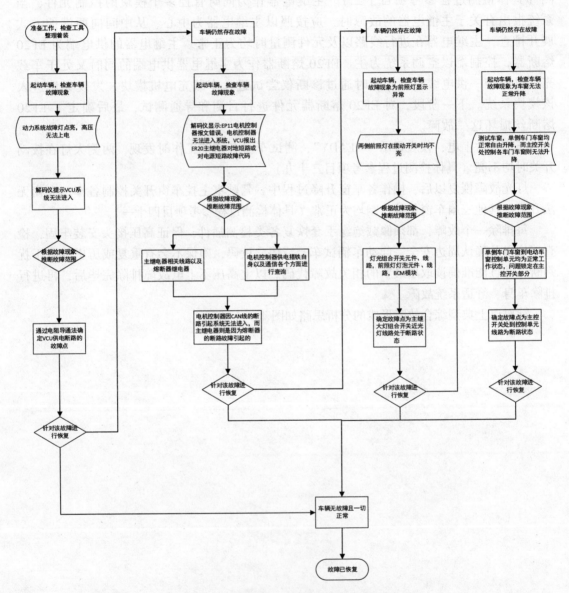

图 48-1 典型综合故障形成的分析思路

咨讯内容记录

实测分析与数据补充

项目四十九　典型综合故障诊断分析（七）

根据车辆尝试上强电的过程中，所表现出的整车异常鸣笛报警、仪表显示动力系统故障等现象，合理分析每一阶段可能引起的故障原因，结合相关电路图册进行故障排查。

综合故障现象的观察，分析故障诊断流程。

根据车辆自身表现出的故障现象，结合诊断仪器推断相关故障信息，对于读取出的当前故障，能够从中挑选与当前故障相关的信息并且加以验证。

综合故障分析过程

1. 初次验车时故障现象

车辆尝试上电，整车异常鸣笛报警，动力系统故障灯点亮。

2. 动力系统故障现象

排除及修复第一个故障现象后，车辆尝试上电，仪表 P 挡异常闪烁，动力系统故障灯点亮。

3. 故障分析的具体思路

依据典型的故障现象，按照高压上电的综合故障，确定具体的分析流程，设计整个综合故障分析图。

针对上述综合故障，根据初次验车时故障现象，推理分析可能引起上述初次验车时的故障原因。初步判断 IG2 系统内的反馈信号是否存在故障点，使用故障诊断仪尝试进入 PEPS 模块读取相关故障码，系统显示没有发现故障码，说明车辆报警的原因不在 PEPS 反馈信号线路上，诊断仪不会记录相关信息。尝试进入其他系统模块查看有无相关故障码时，也未发现任何相关故障。根据这一信息，针对 IG2 系统下 VCU 模块的 ON 线路进行检测（相关电路图册参考 VCU 电源、接地、数据线 2），确定 VCU 模块的 ON 线路处于断路状态。

随后再次尝试上电，通过诊断仪进入整车控制模块，读取到关于 OBC、BMS、PEU、EPB、ESP、ACM、一键起动等一系列相关故障，出现以上一系列相关故障后，按照常规检测思路，会按照电路图册的 CAN 网络分成 P CAN/B CAN 两方面进行排查。但是为了确保诊断准确，需通过诊断仪进入各个相关故障模块，查看是否存在 CAN 信号超时故障代码。

OBC、BMS、PEU 等模块并未显示关于 P CAN 信号的相关故障代码，下一阶段将故障范围锁定在 OBC、BMS、PEU 等模块的搭铁、电源、通信上，此组合故障在诊断仪上显示类似于 P CAN 系统故障显示的内容，但经过进入各个相关模块实际验证后，确定了 OBC 唤醒线路断路，PEU 电源线路断路，BMS CAN 线断路故障，排除了 P CAN 故障的可能性。

经过相应的验证，确定了 B CAN 系统故障引起的 EPB、ESP、ACM、一键起动等 CAN 信号超时故障。

对于在诊断仪上显示的同一故障代码但不同故障点的故障要注意加以验证区分，有利于节省诊断时间。

每排除一个故障，都须佩戴绝缘手套恢复各类检测插件，保证高压接头安装牢固，检查挡位以及确认周边安全，起动车辆试车、清码、读码，确保不会有重复或历史故障干扰判断，并且能准确读取出最新的相关故障代码。

针对以上典型综合故障形成的分析思路如图 49-1 所示。

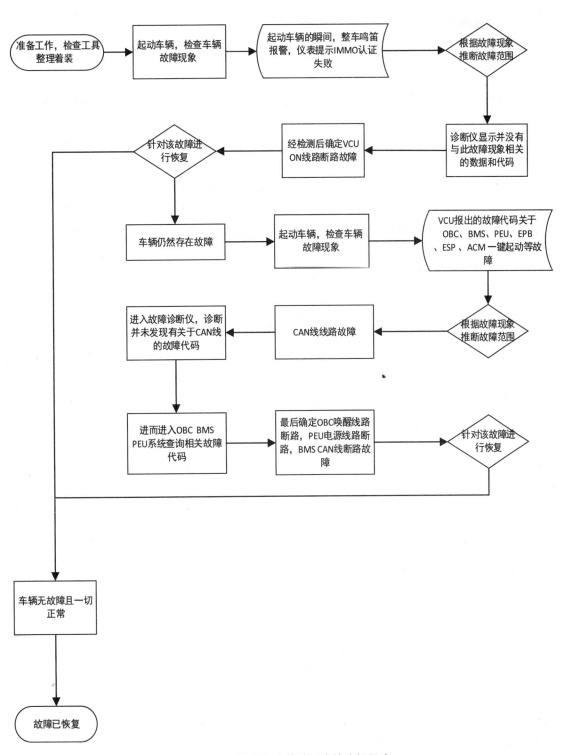

图 49-1 典型综合故障形成的分析思路

咨讯内容记录

项目四十九 典型综合故障诊断分析(七)

实测分析与数据补充

项目五十　典型综合故障诊断分析（八）

根据车辆尝试上电的过程中，所表现出的低压无法上电，整车异常鸣笛报警，仪表显示动力系统故障、舒适系统、车身故障现象等，合理分析每一阶段可能引起的故障原因，结合相关电路图册进行故障排查。

综合故障现象的观察，分析故障诊断流程。

根据车辆低压不上电，高压不上电，车身、舒适系统故障现象，结合诊断仪推断相关故障信息，依据电路图册排除综合故障。

综合故障分析过程

1. 初次验车时故障现象

车辆尝试上电，低压无法上电，仪表无显示，STOP 按钮供电正常。

2. 动力系统故障现象

排除及修复第一个故障后，出现以下故障现象：
（1）车辆尝试上电，动力系统故障灯点亮，整车鸣笛报警。
（2）车辆尝试上电，动力系统故障灯点亮。

3. 车身系统故障现象

排除及修复上述故障后，单侧大灯近光不亮。

4. 空调系统故障现象

排除及修复上述故障后，空调系统无法制热但制冷正常。

5. 故障分析的具体思路

依据典型的故障现象，按照高、低压上电，车身、舒适系统的综合故障现象，确定具体的分析流程，设计整个综合故障分析图。

针对上述综合故障，首先根据初次验车时的故障现象，推理、分析可能引起上述初次验车时的故障原因。初步判断 IG1 低压系统继电器元件以及供电线路是否存在故障。其次进一步排查 IG1 系统内的反馈信号是否存在故障点。使用故障诊断仪尝试进入相关模块读取所有相关故障码，系统均显示无法进入，说明构成故障原因不在 IG1 继电器元件上，而是反馈信号线路出现故障，导致无法进入诊断系统，由此结合电路图册进行相关分析，经过导通测量后，最终确定了 IG1 与 PEPS 的反馈信号线路断路的故障。此处需要注意的是：IG1 继电器元件出现故障，通过连接诊断仪可以在短时间内读取到关于 IG1 的故障信息（具体参考项目七）。

IG1 低压系统故障排除完毕后，尝试上电过程中，车辆自身鸣笛报警，产生这种故障现象主要是 IG2 系统的反馈信号线路故障或者 VCU – ON 线路故障，连接诊断仪后读取相关故障代码，确定 IG2 反馈信号的故障点。

IG2 系统故障排除完毕后，车辆尝试上电，鸣笛报警现象消失，但动力系统故障灯依然点亮，利用诊断仪进行清码、读码后，读取到关于 OBC（车载充电机）相关故障，对比 OBC 模块正常状态时的数据流，快速锁定故障范围（具体检测过程参考项目十四）。

上述故障排除完毕后，再次尝试上电，此时车辆"READY"灯点亮，高压上电正常，随后操作车身模块，查看灯光以及空调的工作状况。

根据单侧大灯近光不亮的故障现象，要注意合理的分析，切记不要"眉毛胡子一把抓"，单侧大灯近光不亮，说明大灯组合开关能够操作另一侧的灯光正常开闭，组合开关正常。由于左右两扇大灯近光线路的控制源头均是一个近光灯继电器，因此近光灯继电器也是正常的。综上所述，进行分析只需测量单侧近灯光元件以及相关线路即可（具体相关检测过程可参考项目三十九），最后确定了单侧大灯近光线路断路故障。

空调故障现象体现为供电正常的情况下，空调工作时制热异常但制冷正常，借助诊断仪读取到 PTC 数据流显示异常，压缩机工作正常。根据诊断仪提供的故障信息，针对 PTC 线路展开排查，最终确定了 PTC 电源线路断路故障（具体检测过程参考项目二十四）。

每排除一个故障，都须佩戴绝缘手套恢复各类检测插件，保证高压接头安装牢固，检查挡位以及确认周边安全，起动车辆试车、清码、读码，确保不会有重复或历史故障干扰判断，并且能准确读取出最新的相关故障代码。

针对以上典型综合故障形成的分析思路如图 50 – 1 所示。

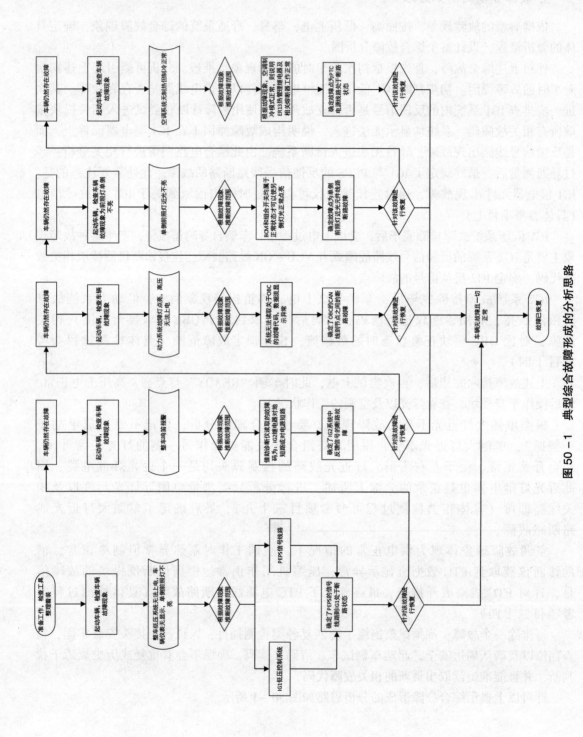

图 50-1 典型综合故障形成的分析思路

咨讯内容记录

实测分析与数据补充

项目五十一　典型综合故障诊断分析（九）

根据车辆尝试上电的过程中，所表现出的低压无法上电，高压无法上电，车辆无法行驶，上电无法充电等故障现象，合理分析每一阶段可能引起的故障原因，结合相关电路图册进行故障排查。

综合故障现象的观察，分析故障诊断流程。

理解并掌握 ACM（辅助控制模块）与制动系统之间的相互关系以及故障分析时的先后顺序。

综合故障分析过程

1. 初次验车时故障现象

车辆尝试上电，低压无法上电，仪表无显示，STOP 按钮供电异常。

2. 动力系统故障现象

排除及修复第一个故障后，车辆尝试上电，动力系统故障灯点亮，踩下制动踏板后，仪表显示"READY"。

3. 车身系统故障现象

排除及修复上述故障后，电子换挡器无法进行换挡操作。

4. 故障分析的具体思路

依据典型的故障现象，按照高低压上电，确定具体的分析流程，设计整个综合故障分析图。

针对上述综合故障,首先根据初次验车时故障现象,推理分析可能引起上述初次验车时的故障原因。由于故障现象为 STOP 按钮供电异常,因此初步需判断 PEPS 供电及搭铁线路是否存在故障。因为关于 PEPS 的反馈信号线路出现故障时,均产生鸣笛报警现象,所以排除反馈信号线路的可能性。该故障点使用故障诊断仪无法进入相关模块读取故障码,说明构成故障主要原因就在供电和搭铁线路上,由此结合电路图册进行相关分析,经过导通测量后,最终确定了 PEPS 电源线路断路的故障。

PEPS 供电故障排除完毕后,尝试上电过程中,车辆仪表动力系统故障灯点亮,踩下制动踏板后,故障现象消失。借助诊断仪进一步验证时诊断仪显示,踩下制动踏板时(制动开关线路与辅助控制模块接通)系统显示无故障产生,当抬起制动踏板时(制动开关线路与辅助控制模块断开)辅助控制模块系统无法进入。综上所述可以得出,在辅助控制模块出现故障时,动力系统故障灯点亮,辅助控制模块无法进入系统,按照常规推理思路,将可疑故障点锁定在电源、搭铁、通信线路上。但是当踩下制动踏板以后,故障现象消失,仪表显示 "READY",说明制动开关的反馈电压代替辅助控制模块自身电源,由此又可推理出,辅助控制模块搭铁和通信线路均处于正常状态,只有电源这一部分出现故障才能体现出诊断仪验证的结果。当辅助控制模块的搭铁和 CAN 线出现故障时,踩下制动踏板,则不会唤醒反馈电源,也就不会有上述故障现象以及诊断结果。所以由此得出此故障点是由辅助控制模块的电源线故障引起的。经过测量确定,辅助控制模块电源线断路(具体检测过程参考项目十六)。

辅助控制模块故障排除完毕后,车辆尝试上电,仪表显示 READY,电子换挡器显示屏无供电迹象,挡位显示屏处于黑屏状态。诊断仪无法读取相关故障以及数据流,针对这一信息可知,若是电子换挡器 CAN 线出现故障,不妨碍控制器显示屏的供电,所以将故障范围锁定在控制器本身的供电线路以及搭铁线路(具体检测过程参考项目三十二)。

上述故障排除完毕后,再次尝试上电,此时车辆 "READY" 灯点亮,高压上电正常,随后给车辆进行试充电。

交流充电过程中,注意到桩端显示无法正常刷卡充电。诊断仪数据流显示 CC、CP 信号均未连接,下一阶段,针对 CC/CP 两条线路依次测量,检测过程中车端 CP/CC 信号以及桩端 CP/CC 信号数值均在正常范围内,最后确定了桩端 PE(搭铁)线路的故障。

每排除一个故障,都须佩戴绝缘手套恢复各类检测插件,保证高压接头安装牢固,检查挡位以及确认周边安全,起动车辆试车、清码、读码,确保不会有重复或历史故障干扰判断,并且能准确读取出最新的相关故障代码。

针对以上典型综合故障形成的分析思路如图 51-1 所示。

项目五十一 典型综合故障诊断分析（九）

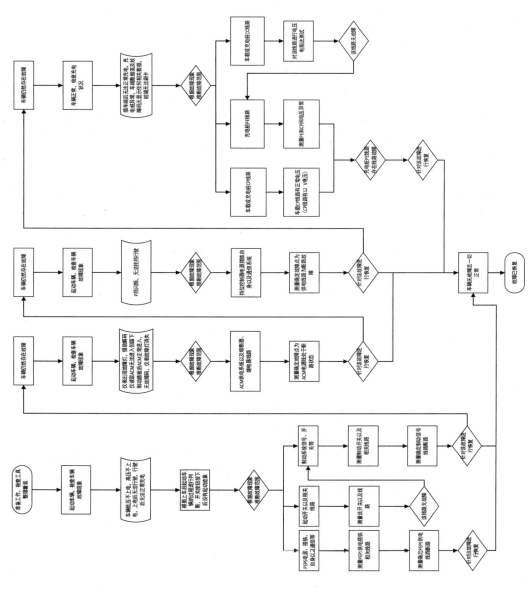

图51-1 典型综合故障形成的分析思路

咨讯内容记录

实测分析与数据补充

项目五十二　典型综合故障诊断分析（十）

根据车辆尝试上电的过程中，所表现出的高压无法上电，车辆无法行驶，车身辅助系统等故障现象，合理分析每一阶段可能引起的故障原因，结合相关电路图册进行故障排查。

综合故障现象的观察，分析故障诊断流程。

教学重点、难点

在检测过程中合理分析故障类型，对于组合故障掌握检测顺序。

综合故障分析过程

1. 初次验车时故障现象

车辆尝试上电，高压无法上电，动力系统故障灯点亮。

2. 车辆无法行驶故障现象

排除上述故障后，仪表 P 挡警告灯点亮，EPB 按钮失效。

3. 车身系统故障现象

排除上述故障后，刮水器无法正常工作。

4. 故障分析的具体思路

依据典型的故障现象，按照高低压上电，确定具体的分析流程，设计整个综合故障分析图。

针对上述综合故障，首先根据初次验车时的故障现象，推理分析可能引起上述初次验车时的故障原因。动力系统故障往往是在低压上电正常的情况下，由高压无法上电造成，通过诊断仪尝试进入整车管理系统读取相关故障。整车系统报出关于 P CAN 网络的相关故障代码，根据这一信息再依次进入各个相关故障的子系统，读取到均是 CAN 信号故障，说明构成 P CAN 信号的故障是真实的并不是由多个模块构成的组合故障。P CAN 动力网络的特点之一在于各模块之间通过 CAN 线相互联系，下一阶段主要依据相关电路图册针对 VCU 模块 P CAN 网络进行测量，使用万用表背插测量 VCU CAN 线电压，电压值为 12V，说明 P CAN 网络在某一处发生了对电源短路的故障。下一步结合电路图册经过导通测量后，最终确定了 OBC CAN 线对电源短路的故障（具体检测过程参考项目二十五）。

P CAN 信号故障排除完毕后，尝试上电过程中，车辆仪表 READY 灯点亮，P 挡指示灯异常闪烁，根据现象判断出动力系统无故障，借助诊断仪进一步验证时诊断仪显示，EPB 系统无法进入，开关元件指示灯处于熄灭状态。结合系统电路图册进行分析，首先测量 EPB 系统的供电搭铁，测量后确定了 EPB 电源线断路（具体检测过程参考项目二十九）。恢复电源故障后，故障现象依旧，进行清码再读码后，诊断系统读取出 EPB 系统的开关故障，根据这一信息，主要将检测目标对准开关部分（具体检测过程参考项目三十一），最终确定了 EPB 开关线路断路故障。

EPB 系统故障排除完毕后，车辆仪表显示均正常，在测试车身系统时，发现刮水器各挡位均无法正常工作，结合相关电路图册，按照供电搭铁的检测顺序进行测量，确定了刮水器的搭铁线路断路，导致刮水器各挡位均无法正常工作，恢复后尝试拨动各挡位，除高速挡位之外，刮水器的低速和间歇挡位均工作正常。诊断仪无法读取相关故障以及数据流，根据故障现象以及结合电路图进行故障排除，测量高速开关和电机线路之间的通断（具体检测过程参考项目四十二）。

每排除一个故障，都须佩戴绝缘手套恢复各类检测插件，保证高压接头安装牢固，检查挡位以及确认周边安全，起动车辆试车、清码、读码，确保不会有重复或历史故障干扰判断，并且能准确读取出最新的相关故障代码。

针对以上典型综合故障形成的分析思路如图 52-1 所示。

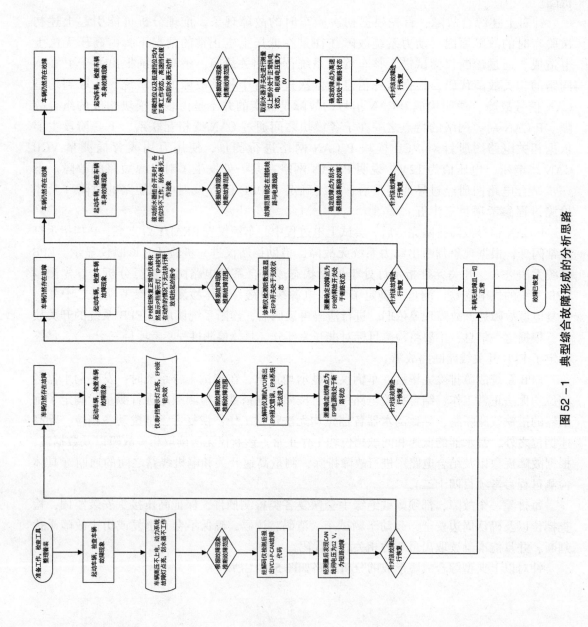

图 52-1 典型综合故障形成的分析思路

咨讯内容记录

实测分析与数据补充

参 考 文 献

[1] 包科杰，徐利强. 新能源汽车维护与故障诊断 [M]. 北京：人民交通出版社，2017.
[2] 朱高升，冯健，张德军. 电动汽车结构原理与维修 [M]. 北京：机械工业出版社，2019.
[3] 祝良荣，葛东东. 纯电动汽车构造与检修 [M]. 北京：机械工业出版社，2019.
[4] 严朝勇. 纯电动汽车故障诊断与维修 [M]. 北京：中国石油大学出版社，2018.
[5] 姜丽娟，张思扬. 新能源汽车故障诊断 [M]. 北京：机械工业出版社，2018.
[6] 李正国，何军，朱小春. 电动汽车整车故障诊断与分析 [M]. 北京：清华大学出版社，2019.
[7] 何泽刚. 纯电动汽车常见故障诊断与排除 [M]. 北京：机械工业出版社，2018.
[8] 陈黎明. 电动汽车结构原理与故障诊断 [M]. 北京：机械工业出版社，2014.